W0171537

STUTTGARTER BIBELATLAS

STUTTGARTER
BIBELATLAS
Historische Karten der biblischen Welt

Deutsche Bibelgesellschaft

Konzeption und Ausarbeitung: John Strange
Zeichnung der Karten: Ulla Bergquist
Redaktion der deutschen Ausgabe: Joachim Lange
2., verbesserte Auflage 1992

ISBN 3-438-06020-5

Umschlaggestaltung: Catherine DoDon
Printed in Denmark

Der Bibelatlas möchte allen, die die Bibel lesen oder mit ihr arbeiten, eine Hilfe sein. Um dieser Aufgabe gerecht zu werden, enthält er vier Teile mit jeweils eigenem Charakter und eigener Funktion. Wer die biblische Geschichte verstehen will, muß sich zunächst vertraut machen mit dem geographischen Rahmen, in dem sie sich abspielt. Er muß sodann Bescheid wissen über die allgemeinen geschichtlichen Entwicklungen in jenem Raum, weil die biblische Geschichte in sie hineinverflochten ist und erst vor ihrem Hintergrund voll verständlich wird. So erklären sich die drei Hauptteile dieses Atlasses:

Teil I enthält *geographische* Karten. Sie informieren über die Oberflächengestalt des Landes, über Klima und Vegetation, aber auch über wichtige Straßen, deren Verlauf oftmals durch geographische Gegebenheiten festgelegt ist. Die Karten dieses ersten Teils sind an ihrem *blauen* Untergrund zu erkennen.

Teil II zeigt, wie Palästina kulturell und politisch in die Kultur des Mittleren Ostens, später dann des ganzen Mittelmeerraums eingebunden war. Einer Karte über die frühe Ackerbaukultur in jener Zone folgen Karten, die die kulturelle und politische Abhängigkeit Palästinas von Mesopotamien, Ägypten, später vom Perserreich, den hellenistischen Großreichen und endlich vom römischen Weltreich beleuchten. Die letzte Karte zeigt die jüdische Diaspora zur Zeit der ersten Ausbreitung der Kirche. Die Angaben dieser *historischen* Karten beruhen auf außerbiblischen schriftlichen Quellen und archäologischen Überresten (Ausgrabungsfunden) aus über 10 000 Jahren. Die Karten haben *grünen* Untergrund.

Teil III bietet die eigentlichen *bibelhistorischen* Karten, d.h. Karten, die sich unmittelbar auf Texte der Bibel beziehen. Auch hier werden gelegentlich außerbiblische Quellen beigezogen. In der Karte »Die Reiche Israel und Juda« (Karte 41) ist z.B. das Relief in Karnak berücksichtigt, das die Städte auflistet, die Pharao Schischak (Schoschenk) auf seinem Raub- und Plünderungszug nach Israel und Juda eroberte (vgl. 1.Könige 14,25). In erster Linie aber wird in diesem Teil der Bibeltext herangezogen. Die Karten suchen alle Orte aufzuzeigen, die in den einschlägigen Bibeltexten genannt werden – sofern es möglich ist, sie mit hinlänglicher Sicherheit zu identifizieren. Manchmal ist eine vorgeschlagene Identifizierung durch ein hinzugefügtes Fragezeichen als umstritten gekennzeichnet, manchmal wird auch eine Alternative angegeben.

Die Karten dieses Teils beziehen sich jeweils auf ganz bestimmte Abschnitte der biblischen Geschichte, etwa auf die Geschichte Davids (Karte 39), auf die Geschichte Jesu, wie sie im Johannes-Evangelium dargestellt ist (Karte 62), auf Paulus und seine Missionsreisen (Karten 65-69). Dabei wollen die Karten nicht Ergebnisse oder Theorien moderner Bibelwissenschaft – z.B. über eine eventuell andere Abfolge oder Route der Paulusreisen – referieren, sondern den Sachverhalt, wie ihn der Bibeltext darbietet.

Neben jeder Karte steht ein Text, der das Thema der Karte erläutert; im III. Teil ist darüber hinaus jeweils der Bibeltext angegeben, auf den sich die Karte bezieht.

Der III. Teil enthält, wie gesagt, die bibelhistorischen Karten; diese sind an ihrem *gelben* Untergrund zu erkennen. Doch finden sich auch einzelne Karten, die strenggenommen nicht hierher, sondern zu den historischen Karten in Teil II gehören, weil ihre Angaben größtenteils oder ausschließlich auf außerbiblischen Quellen beruhen. Das ist z.B. der Fall bei den Karten 52 (»Palästina in hellenistischer Zeit«), 56 (»Die Dekapolis«) und 59 (»Palästina zur Zeit Jesu«). Diese Karten haben deshalb *grünen* Untergrund wie die Karten in Teil II. Wenn sie nicht dort, sondern hier eingeordnet wurden, so deshalb, weil sie unmittelbar den biblischen Geschehensablauf illustrieren.

Als *IV. Teil* bietet der Atlas schließlich zwei Seiten mit *Städtekarten* – zunächst von Jerusalem, dessen Topographie auf vier Karten dargestellt wird, dann aber auch von einigen anderen wichtigen Städten, die in der Bibel eine Rolle spielen. Die dritte und letzte Seite dieses Teils ist dem Tempel Salomos und dem Tempel des Herodes gewidmet.

Im *Anhang* findet der Leser *zwei Verzeichnisse*. Im ersten Verzeichnis sind alle *Bibeltexte* aufgeführt, die in bestimmten Karten besonders berücksichtigt sind. Beim Bibellesen kann man hier schnell herausfinden, ob und wo der Atlas eine Karte zum Text enthält. Das zweite Verzeichnis enthält alle auf den Karten angegebenen *Ortsnamen*. Wenn ein in der Bibel genannter Ort nicht identifiziert und folglich in keine der Karten eingetragen werden konnte, erscheint er auch nicht im Verzeichnis. Hier muß der Leser ein Bibellexikon zu Rate ziehen.

Die Karten verwenden die normalen *Zeichen*. Nur zwei seien eigens erwähnt: ⚔ bezeichnet den Ort einer Schlacht, und Δ bezeichnet einen Berg. Alle übrigen Zeichen verstehen sich von selbst oder sind an Ort und Stelle erklärt.

Herzlich danken möchte ich Professor Magnus Ottosson, Uppsala, sowie den Professoren Niels Hyldahl und Svend Holm-Nielsen, Kopenhagen, die mir durch ihre kritischen Hinweise und Anregungen sehr geholfen haben. Auch Niels Jørgen Cappelørn bin ich zu Dank verpflichtet.

John Strange

Die Schreibung der biblischen Orts- und Personennamen richtet sich nach den »Loccumer Richtlinien zur einheitlichen Schreibung biblischer Eigennamen« (vgl. Ökumenisches Verzeichnis der biblischen Eigennamen nach den Loccumer Richtlinien, Stuttgart: Deutsche Bibelgesellschaft / Katholische Bibelanstalt, 2. Aufl. 1981). Abweichende Namensformen der Lutherbibel werden im Namensverzeichnis im Anhang berücksichtigt.

I. GEOGRAPHISCHE KARTEN

II. HISTORISCHE KARTEN

III. BIBELHISTORISCHE KARTEN

IV. STÄDTEKARTEN

ANHANG

Seite

I. Geographische Karten

1 Palästina
Oberflächengestalt
Palästina läßt sich in vier Zonen einteilen:
1. die Küstenebene;
2. das Zentrale Bergland, eine südliche Fortsetzung des Libanons und der Berge Galiläas;
3. die Jordansenke, Teil des Grabeneinbruchs, der sich von Nordsyrien bis nach Zentralafrika erstreckt;
4. das Transjordanische Bergland, das im Osten in die Syrische Wüste übergeht.

Der Boden der Jordansenke fällt von 70 m über dem Meeresspiegel (beim Hule-See) bis auf 392 m unter dem Meeresspiegel (Mündung des Jordans ins Tote Meer) ab. Die Berge rechts und links erheben sich bis zu über 1000 m, der Hermon im Norden (Antilibanos) bis 2814 m über dem Meeresspiegel.

Charakteristisch für das Land sind schließlich die Quertäler, die vom Zentralen Bergland zum Mittelmeer oder vom Zentralen Bergland und Transjordanischen Bergland zum Jordan verlaufen.

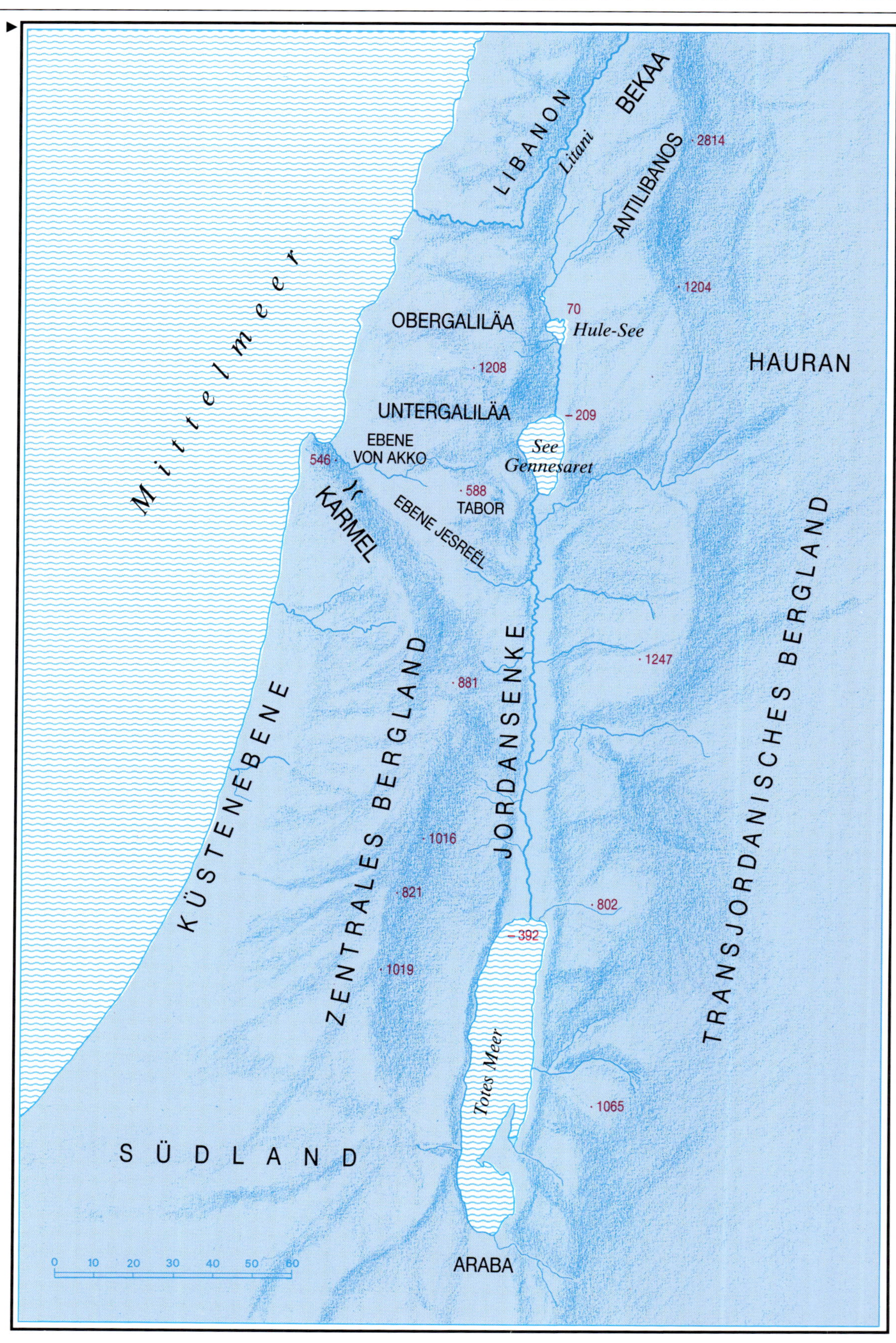
LIBANON
BEKAA
Litani
ANTILIBANOS
2814
1204
Mittelmeer
OBERGALILÄA
70
Hule-See
HAURAN
1208
UNTERGALILÄA
–209
EBENE VON AKKO
546
See Gennesaret
588
TABOR
KARMEL
EBENE JESREËL
TRANSJORDANISCHES BERGLAND
JORDANSENKE
1247
881
KÜSTENEBENE
ZENTRALES BERGLAND
1016
821
802
–392
1019
Totes Meer
1065
SÜDLAND
ARABA
0 10 20 30 40 50 60

nach Byblos (Gebal)
nach Ugarit
nach Hamat
Damaskus
nach Tadmor (Palmyra)
Sidon
Ijon
Tyrus
Hazor
Akko
Aschtarot
Karnajim
Megiddo
Ramot in Gilead
Bet-
Schean
Cäsarea
Bet-Gan
Pella
Gat-
Padalla
Tirza
Samaria
Mahanajim
Sichem
Afek
Adam
Jafo
Schilo
Rabba der Ammoniter
Gat
(Gittajim)
Bet-Horon
Jabne
Bet-El
Geser
Ai
Gibeon
Heschbon
Ekron
Jerusalem
Jericho
Aschdod
Bet-
Schemesch
Betlehem
Gat
Aschkelon
Lachisch
Hebron
Gaza
Gerar
Aroër
En-Gedi
Arad
Rafia
nach Ägypten
Beërscheba
Kir-Moab
0 10 20 30 40 50 60
Tamar
nach Bozra, Elat und Tema

◄ **2 Palästina**
Straßen

Wie die internationalen Straßen (vgl. dazu Karte 7) folgen auch die anderen Straßen in Palästina den von der Landschaft vorgezeichneten Möglichkeiten. Besonders zu nennen sind zwei Straßen, die von Nord nach Süd verlaufen: die eine, die der Wasserscheide auf dem Zentralen Hochland folgt, die andere, die durchs Jordantal geht; und zwei, die von West nach Ost verlaufen: die eine von der Küste über Sichem zum Jordan und nach Mahanajim, die andere von der Küste über Bet-El nach Ammon. Über diese Straßen zogen die Heere, die Samaria oder Jerusalem angriffen.

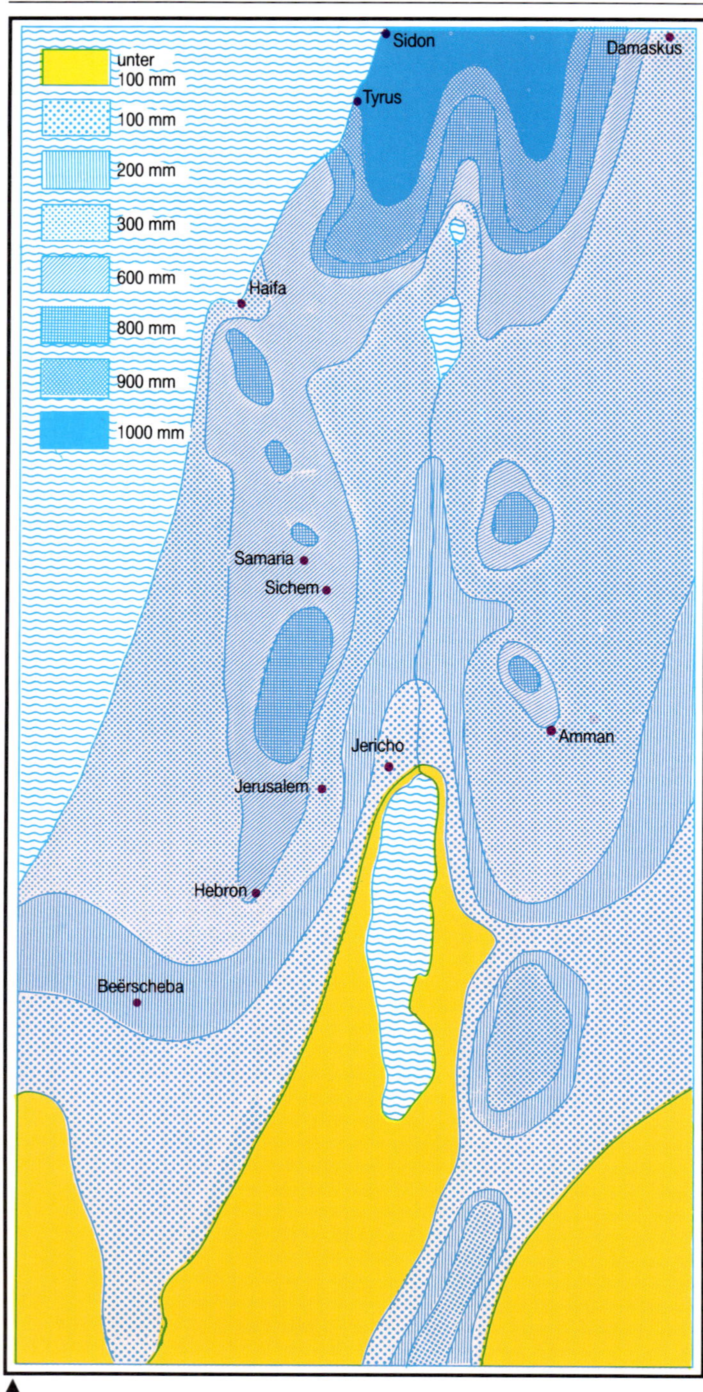
unter 100 mm
100 mm
200 mm
300 mm
600 mm
800 mm
900 mm
1000 mm
Sidon
Damaskus
Tyrus
Haifa
Samaria
Sichem
Jericho
Amman
Jerusalem
Hebron
Beërscheba

3 **Palästina**
Niederschlagsmenge

Die Karte zeigt die durchschnittlichen jährlichen Niederschlagsmengen in Palästina. Der Regen fällt hauptsächlich im Gebirge, und im Norden des Landes mehr als im Süden (s. auch Karte 5). Von besonderer Bedeutung ist die 200 mm-Linie: Wird diese Niederschlagsmenge unterschritten, ist Ackerbau ohne künstliche Bewässerung nicht mehr möglich.

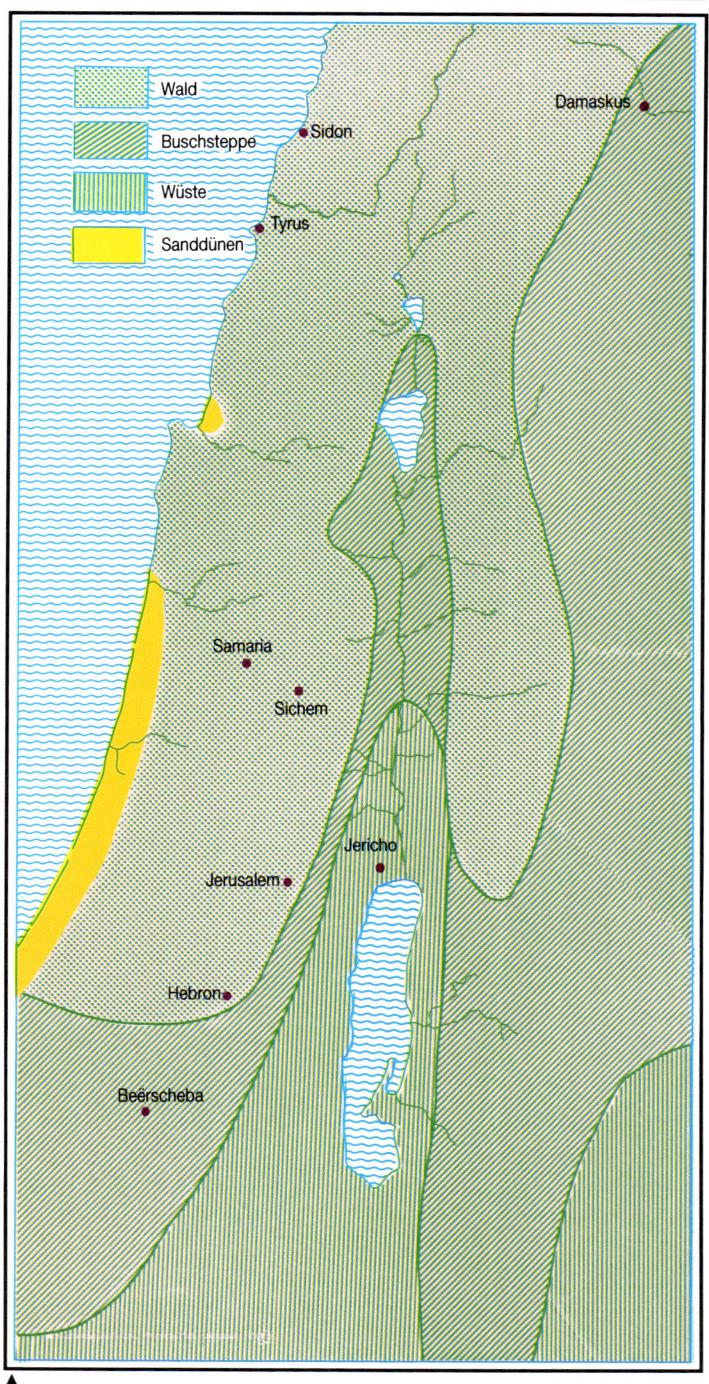
Wald
Buschsteppe
Wüste
Sanddünen
Sidon
Damaskus
Tyrus
Samaria
Sichem
Jericho
Jerusalem
Hebron
Beërscheba

4 **Palästina**
Natürliche Vegetation

Die Karte zeigt – zusammen mit der vorigen – den Zusammenhang zwischen Niederschlagsmenge und Vegetation. Palästina ist eine Randzone zwischen Wüste und landwirtschaftlich nutzbarem Gebiet. Schon relativ kurze Trockenperioden von zwei bis drei Jahren haben daher durch den wiederholten Ernteausfall Hungersnot zur Folge. Sie begegnet uns oft in der Geschichte des Landes.

Regenmenge in mm pro Jahr

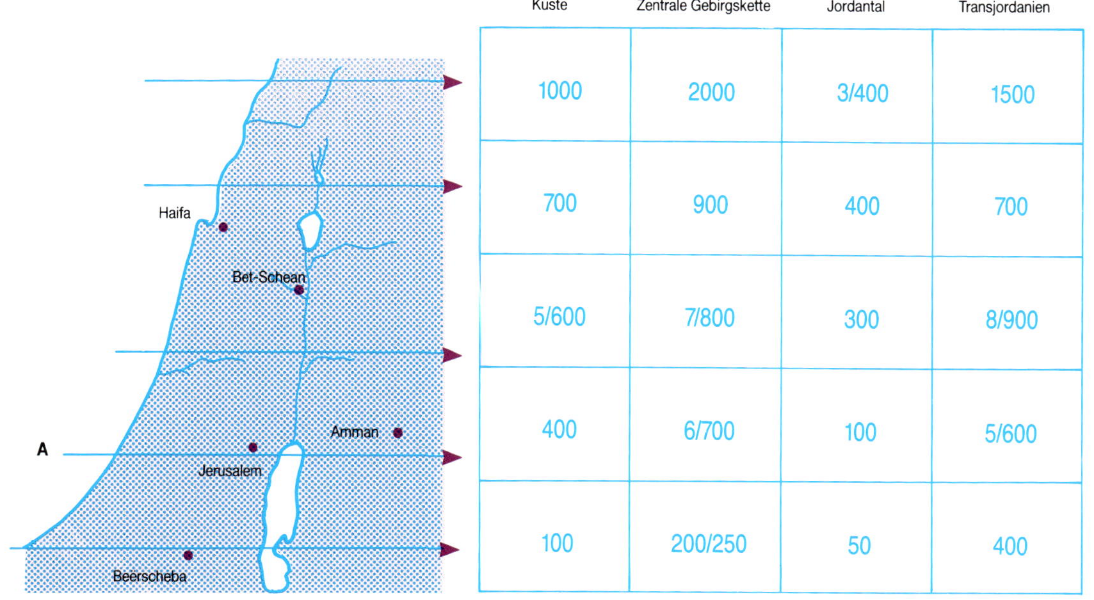
Haifa
Bet-Schean
Amman
A
Jerusalem
Beërscheba

Küste	Zentrale Gebirgskette	Jordantal	Transjordanien
1000	2000	3/400	1500
700	900	400	700
5/600	7/800	300	8/900
400	6/700	100	5/600
100	200/250	50	400

Schnitt A

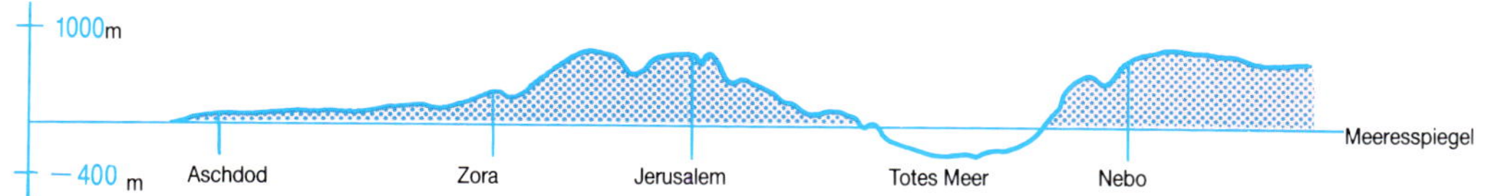
1000m
– 400 m
Aschdod
Zora
Jerusalem
Totes Meer
Nebo
Meeresspiegel

Durchschnittliche monatliche Tag- und Nachttemperatur und Regenmenge in den Städten

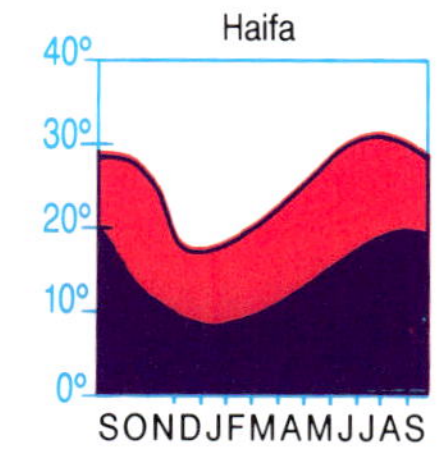
Haifa
40°
30°
20°
10°
0°
SONDJFMAMJJAS

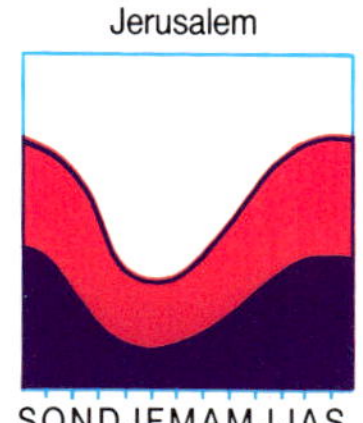
Jerusalem
SONDJFMAMJJAS

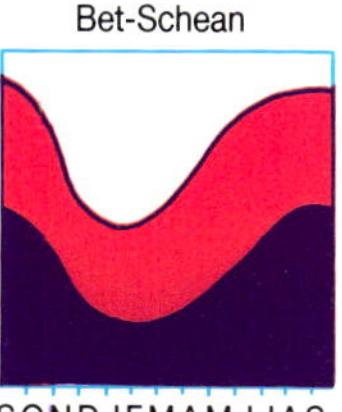
Bet-Schean
SONDJFMAMJJAS

Amman
SONDJFMAMJJAS

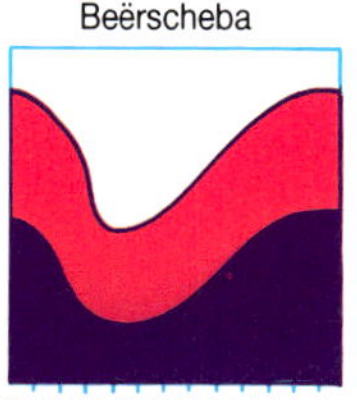
Beërscheba
SONDJFMAMJJAS

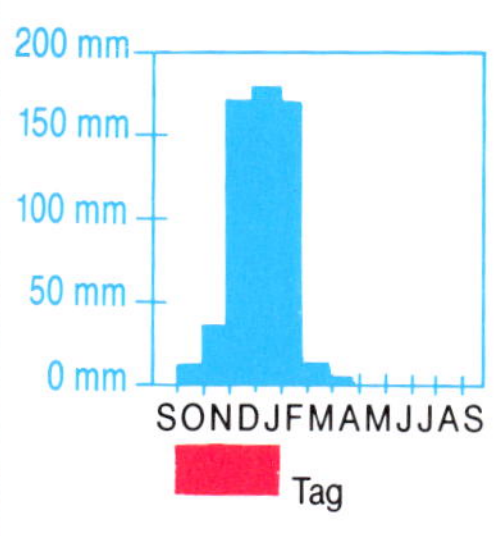
200 mm
150 mm
100 mm
50 mm
0 mm
SONDJFMAMJJAS

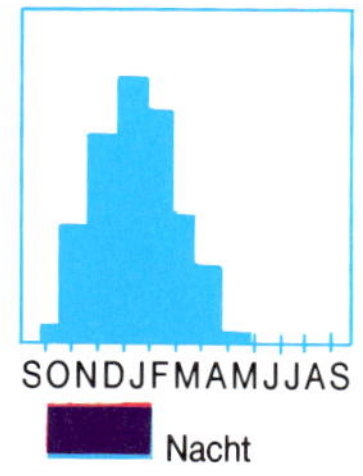
SONDJFMAMJJAS

SONDJFMAMJJAS

SONDJFMAMJJAS

SONDJFMAMJJAS

Tag Nacht Regenmenge

◄ 5 **Palästina**
Klima

Die Karte und die Diagramme zeigen den Zusammenhang zwischen der Oberflächengestalt und dem Klima in Palästina.

Oben wird deutlich, wie die Niederschlagsmenge von Norden nach Süden und von Westen nach Osten abnimmt. Den fünf Linien auf der Karte entsprechen die fünf waagerechten Streifen des Diagramms nebenan.

In der Mitte zeigt ein Querschnitt längs der Linie A aus der darüber abgebildeten Karte die relativen Höhenunterschiede. Da die Winde in der Regenzeit vorwiegend von Westen oder Nordwesten kommen, fällt der Regen vor allem in der Küstenebene und auf der Westseite der Gebirge.

Die Diagramme unten zeigen die durchschnittlichen monatlichen Temperaturen und Niederschlagsmengen. Die Monate werden ab September gezählt, da die Regenzeit im September/Oktober beginnt. Zu dieser Zeit feierte man im alten Israel zunächst auch den Jahresbeginn.

6 Der Mittlere Osten
Oberflächengestalt
Die wichtigsten Länder des Mittleren Ostens werden im Westen und Süden von Wüsten begrenzt, im Norden und Osten von Gebirgen. Darüber hinaus erstreckt sich ein Gebirgszug von Nord nach Süd parallel zur Mittelmeerküste.

Die Berge längs der syrisch-arabischen Wüste tragen auf ihren Ausläufern Eichen- und Pinienwälder. Die großen Ströme – der Nil, der Eufrat und Tigris – fließen durch Wüstenland und ermöglichen dessen künstliche Bewässerung. Das ganze Gebiet bildet eine Landbrücke zwischen den zwei Kontinenten Afrika und Asien.

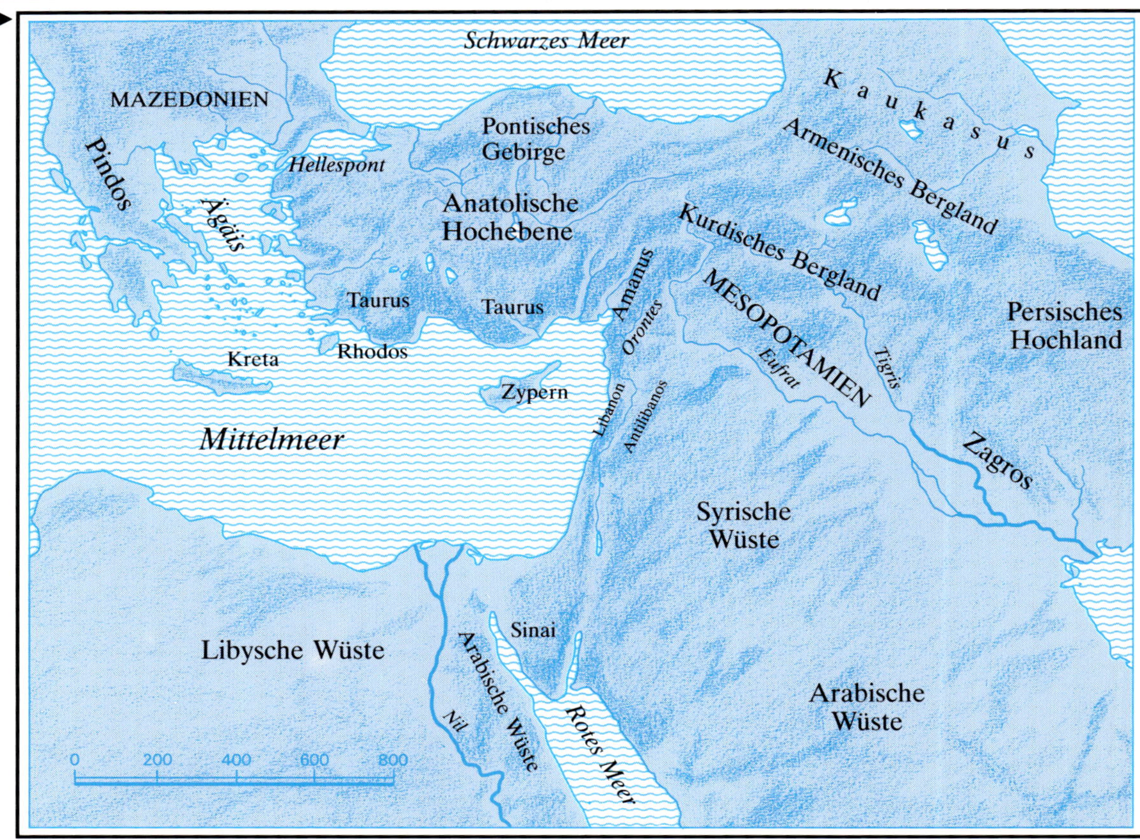
Schwarzes Meer
MAZEDONIEN
Pindos
Hellespont
Ägäis
Pontisches Gebirge
Anatolische Hochebene
Kaukasus
Armenisches Bergland
Kurdisches Bergland
MESOPOTAMIEN
Persisches Hochland
Taurus
Taurus
Amanus
Orontes
Kreta
Rhodos
Zypern
Libanon
Antilibanos
Eufrat
Tigris
Zagros
Mittelmeer
Syrische Wüste
Libysche Wüste
Sinai
Arabische Wüste
Nil
Rotes Meer
Arabische Wüste
0
200
400
600
800

7 Der Mittlere Osten
Internationale Straßen
Die Straßen im Mittleren Osten passen sich den von Landschaft und Klima gegebenen Möglichkeiten an. Zwei von ihnen seien wegen ihrer Wichtigkeit besonders genannt: die »Straße am Meer« (vgl. Jes 8,23 bzw. 9,1), die Ägypten mit Assyrien und Babylonien verbindet, und die »Königsstraße«, die von Damaskus nach Elat und weiter nach Südarabien führt (vgl. Num 20,17; 21,22).

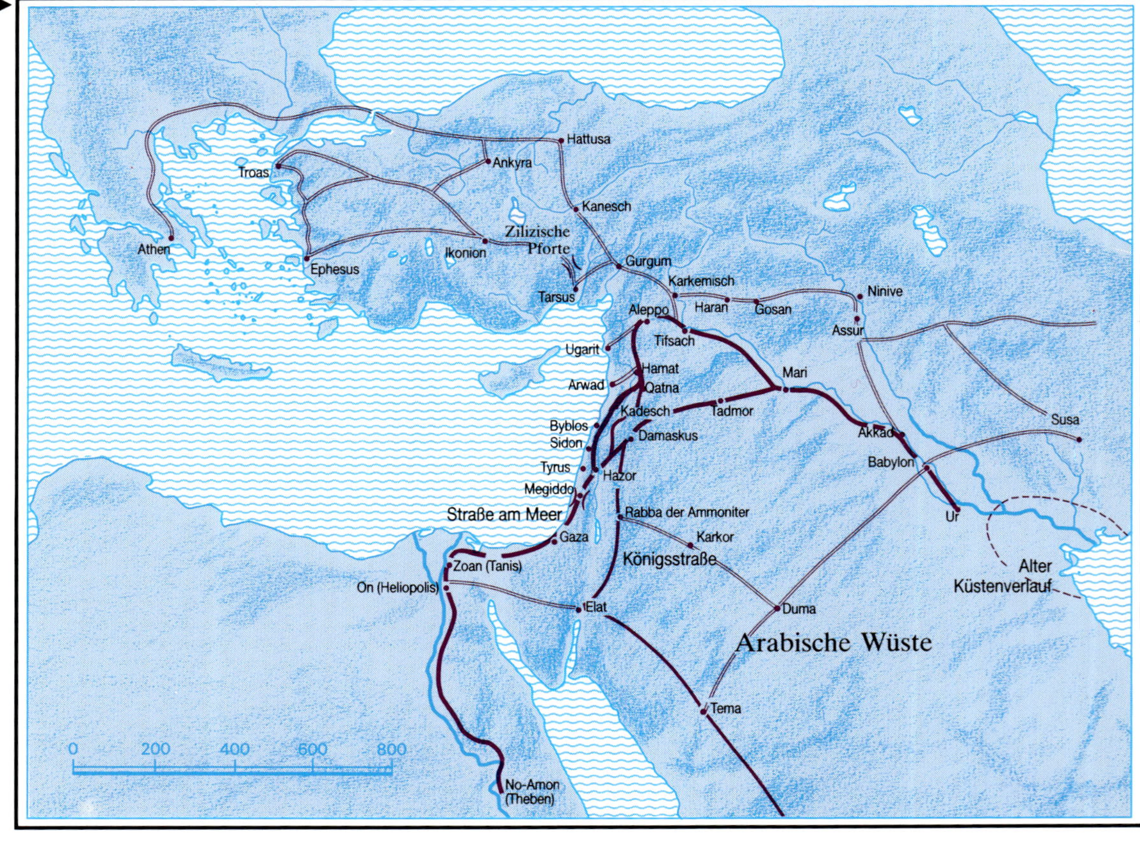
Hattusa
Troas
Ankyra
Kanesch
Athen
Ephesus
Ikonion
Zilizische Pforte
Gurgum
Tarsus
Karkemisch
Ninive
Aleppo
Haran
Gosan
Assur
Tifsach
Ugarit
Hamat
Arwad
Qatna
Mari
Kadesch
Tadmor
Susa
Byblos
Sidon
Damaskus
Akkad
Tyrus
Babylon
Hazor
Megiddo
Straße am Meer
Rabba der Ammoniter
Ur
Gaza
Karkor
Zoan (Tanis)
Königsstraße
Alter Küstenverlauf
On (Heliopolis)
Elat
Duma
Arabische Wüste
Tema
0
200
400
600
800
No-Amon (Theben)

II. Historische Karten

8 Der Fruchtbare Halbmond und die frühe Ackerbaukultur

Der sog. »Fruchtbare Halbmond«, vor allem die niedrigen Ausläufer der Gebirge rings um die Syrische Wüste, sind die natürliche Heimat wildwachsender Formen von Gerste, Weizen, Erbsen, Linsen, Pistazien, Nüssen und Eckern. An Tieren gab es wildlebende Arten von Schafen, Ziegen, Rindern und Schweinen. Etwa zwischen 16000 und 7000 v. Chr. entwickeln sich in diesem Gebiet die ältesten Ackerbaukulturen. Wir sprechen vom Übergang aus der Altsteinzeit (Paläolithikum) in die Jungsteinzeit (Neolithikum) bzw. von der Jungsteinzeitlichen Revolution. Die Karte zeigt die wichtigsten Siedlungen dieser Epoche. Freilich sind weite Gebiete noch nicht gründlich erforscht.

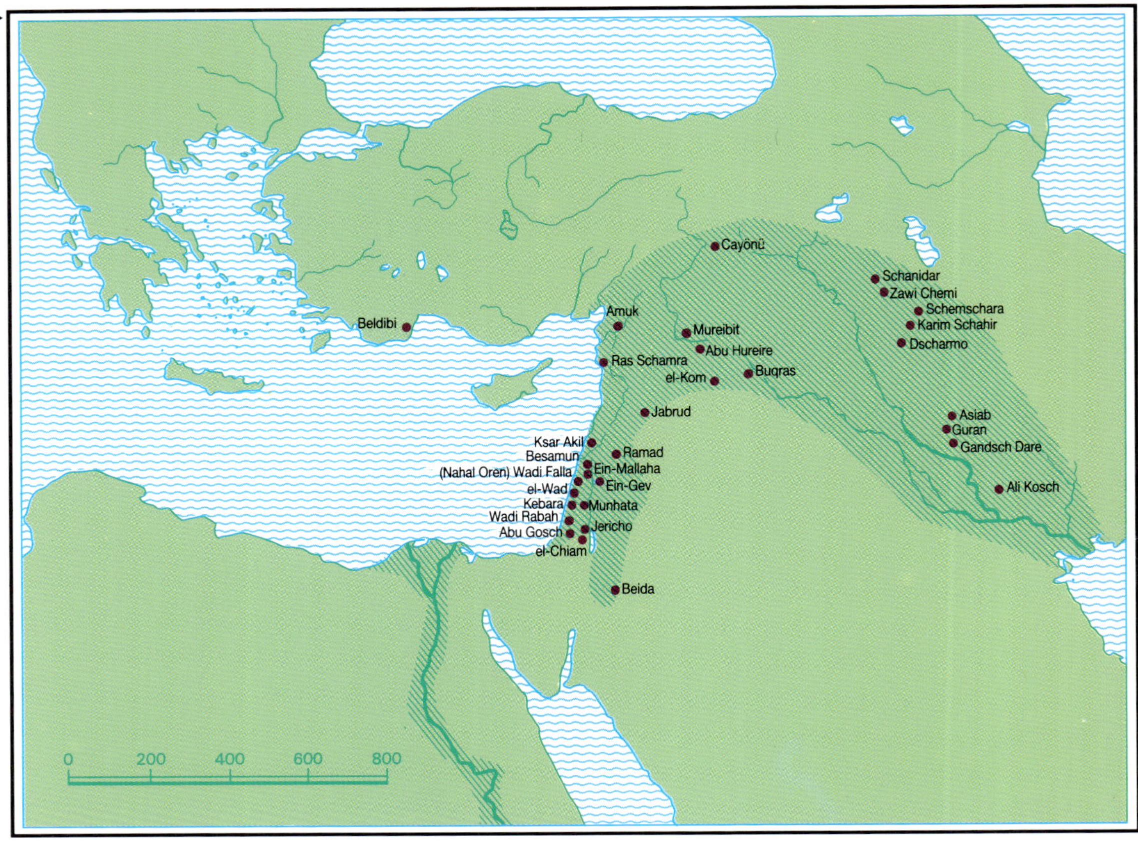
Çayönü
Schanidar
Zawi Chemi
Schemschara
Karim Schahir
Dscharmo
Beldibi
Amuk
Mureibit
Abu Hureire
Ras Schamra
el-Kom
Buqras
Jabrud
Asiab
Guran
Gandsch Dare
Ksar Akil
Besamun
Ramad
(Nahal Oren) Wadi Falla
Ein-Mallaha
el-Wad
Ein-Gev
Kebara
Munhata
Wadi Rabah
Abu Gosch
Jericho
el-Chiam
Ali Kosch
Beida
0 200 400 600 800

9 Wichtige Pflanzen und Tiere im Mittleren Osten

Die neun Karten zeigen die Verbreitung der wichtigsten Pflanzen und Tiere, deren Domestizierung die Jungsteinzeitliche Revolution ermöglichte (s. den Text oben).

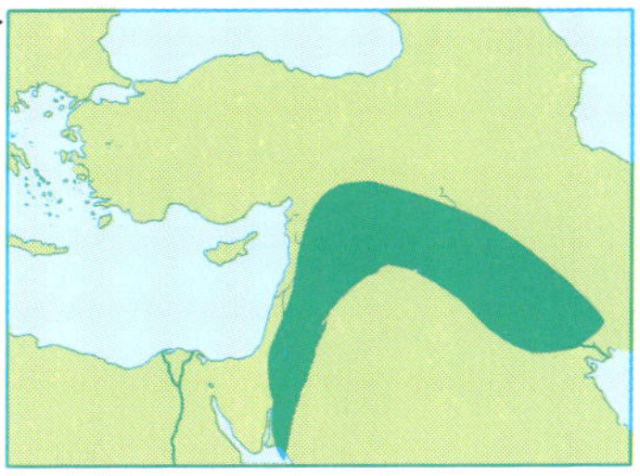

Gerste (Hordeum spontaneum)

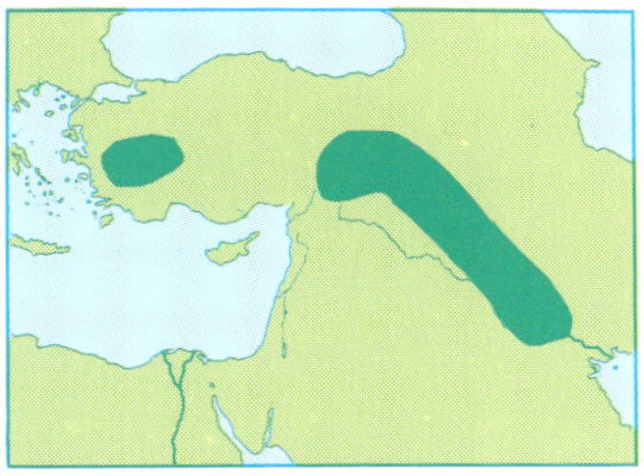

Weizen (Einkorn – Triticum boeoticum)

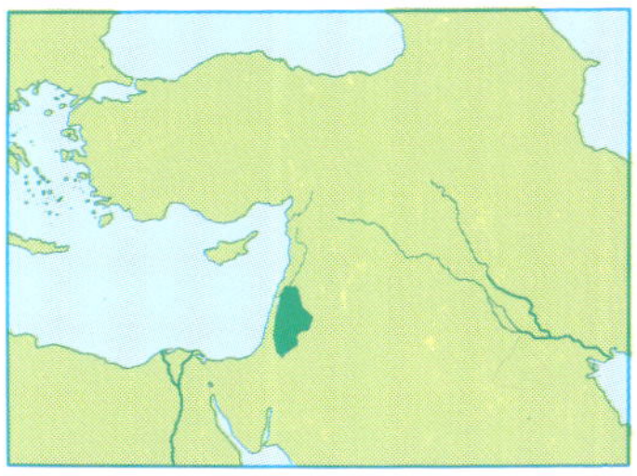

Weizen (Emmer – Triticum dicoccoides)

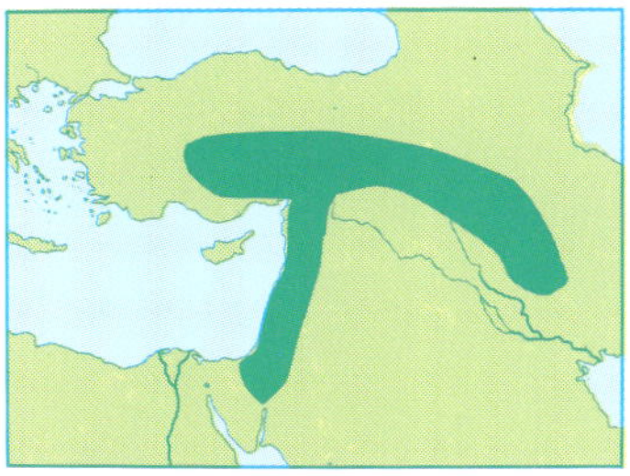

Erbsen (Pisum humile und Pisum elatius)

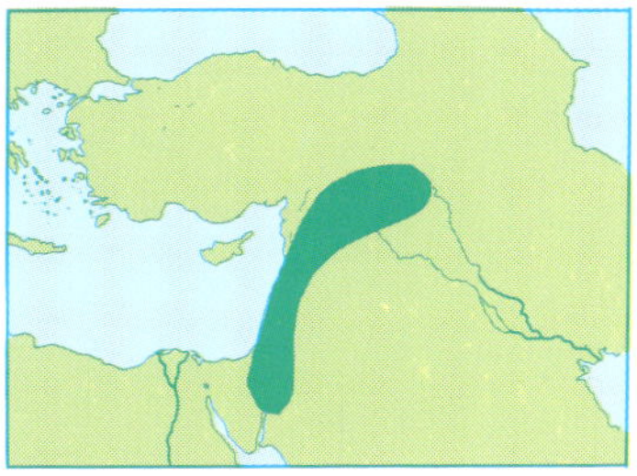

Linsen (Lens orientalis)

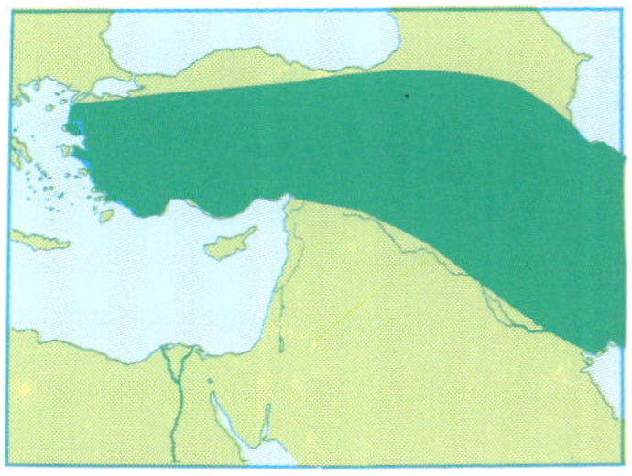

Schaf (Ovis ammon)

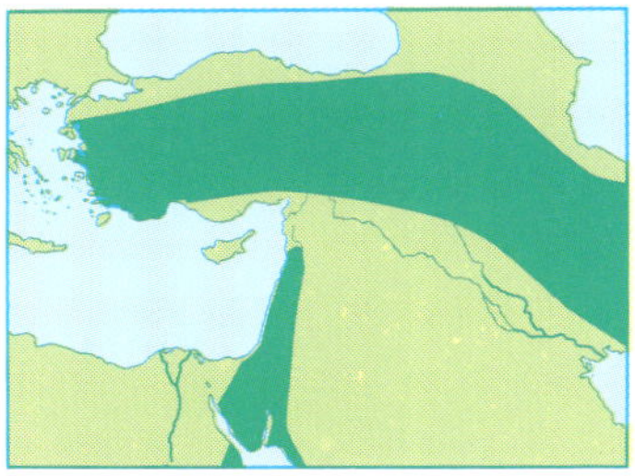

Ziege (Capra aegagrus)

Schwein (Sus scrofa)

Rind (Bos primigenius)

10 Die frühesten Städte mit Schriftkultur

In der zweiten Hälfte des 4. Jahrtausends v. Chr. entstanden die ersten Städte in Sumer im südlichen Mesopotamien. Hier wurde die Schrift erfunden und fand in den Tempeln und Palästen Anwendung. Zunächst war es eine Bilderschrift; aus ihr entwickelte sich dann die Keilschrift. Der kulturelle Einfluß von Sumer reichte bis nach Syrien-Palästina und Ägypten. Auf der Karte sind nur die wichtigsten kulturellen Zentren jener Zeit angegeben.

In der Archäologie bezeichnet man diese Periode als Kupfersteinzeit (Chalkolithikum = jungsteinzeitliche Stufe, in der neben Steingeräten bereits Kupfergegenstände auftreten).

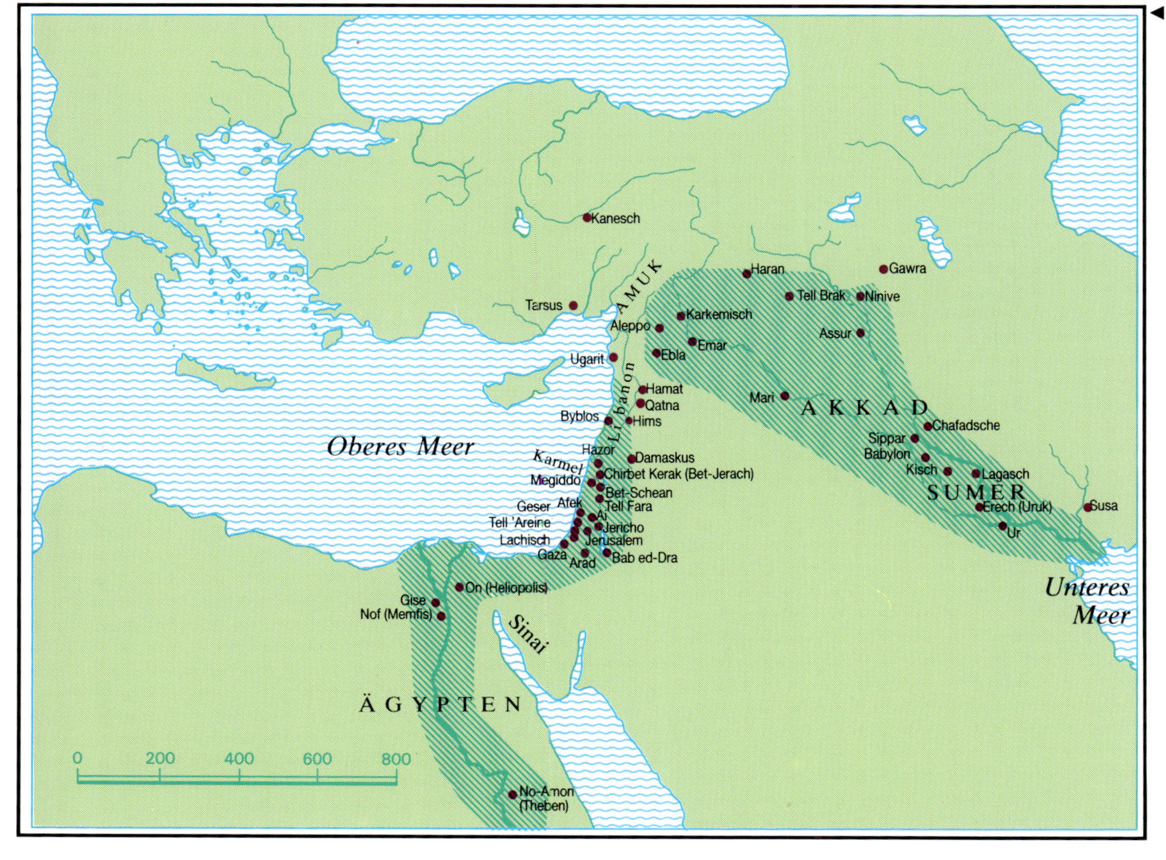
Kanesch
Tarsus
AMUK
Haran
Gawra
Tell Brak
Ninive
Karkemisch
Aleppo
Emar
Assur
Ugarit
Ebla
Libanon
Hamat
Qatna
Byblos
Hims
Mari
AKKAD
Chafadsche
Sippar
Babylon
Kisch
Lagasch
SUMER
Erech (Uruk)
Ur
Susa
Oberes Meer
Karmel
Hazor
Damaskus
Megiddo
Chirbet Kerak (Bet-Jerach)
Bet-Schean
Geser
Afek
Tell Fara
Tell 'Areine
Ai
Jericho
Lachisch
Jerusalem
Gaza
Arad
Bab ed-Dra
On (Heliopolis)
Gise
Nof (Memfis)
Sinai
ÄGYPTEN
Unteres Meer
No-Amon (Theben)
0 200 400 600 800

11 Die großen Reiche in Mesopotamien und am Nil im 3. Jahrtausend v. Chr.

Bald nach 2400 v. Chr. gelang es Sargon von Akkad, ganz Mesopotamien unter seine Herrschaft zu bringen, und einer seiner Nachfolger, Naram Sin (2291-2255 v. Chr.), eroberte Ebla und drang bis zum Mittelmeer vor. Er herrschte vom Oberen Meer bis zum Unteren Meer.

In Ägypten, das etwa 3000 v. Chr. zu einem Königreich vereinigt wurde, regierten die Könige der 4. und 5. Dynastie, die Pyramidenbauer. Ihre Einflußsphäre reichte im Norden bis weit nach Syrien-Palästina hinein.

Für die Archäologen ist diese Epoche ein Teil der Frühen Bronzezeit.

12 Hammurapi von Babylon. Das Mittlere Reich in Ägypten

Der Frühen Bronzezeit folgte eine erste »Zwischenzeit«, in der unter dem Ansturm nomadischer Völker die Reiche des Fruchtbaren Halbmonds zusammenbrachen und ihre Städte verwüstet wurden. Unter Hammurapi von Babylon (1772-1750 v. Chr.) wurde das Zweistromland wieder geeint und zu neuer kultureller Blüte geführt.

In Ägypten konnten nach einer Zeit völliger Verwirrung und Anarchie die Könige der 11. und 12. Dynastie das Land wieder einigen und Ägyptens Einfluß im Norden bis nach Byblos ausdehnen.

Archäologisch gesehen ist diese Periode ein Teil der Mittleren Bronzezeit.

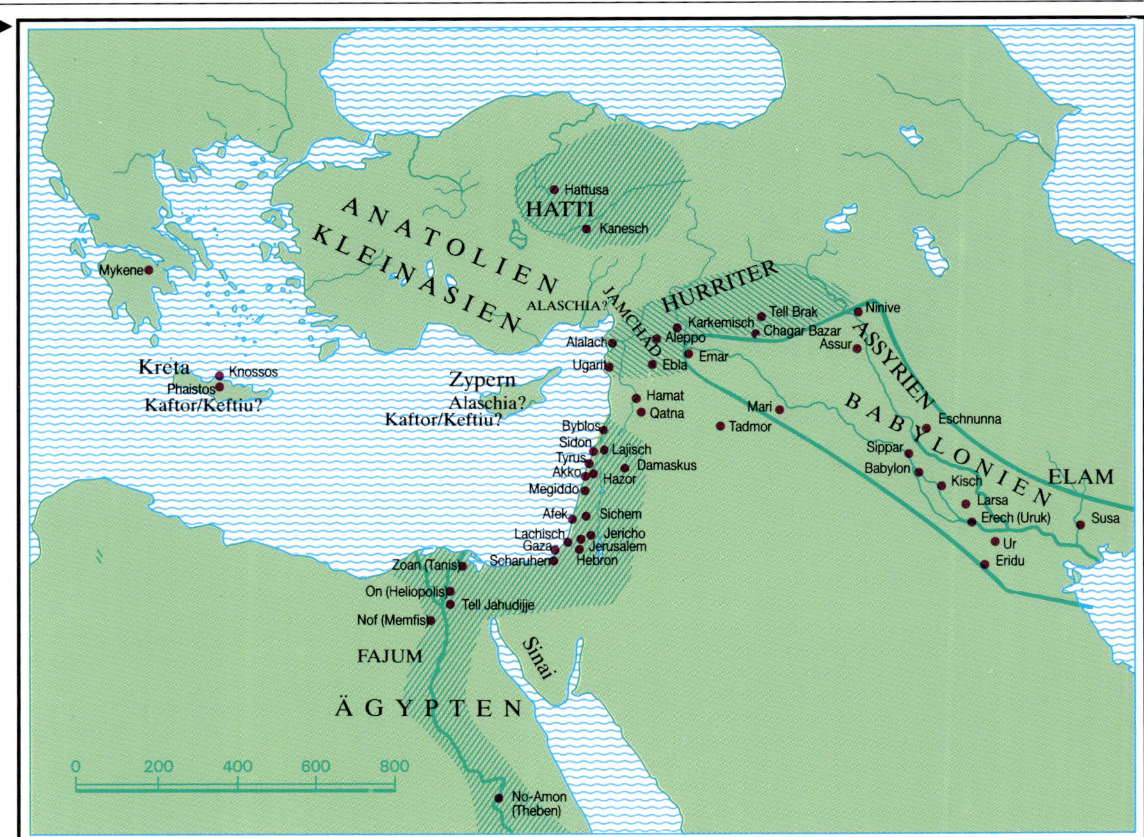
Mykene
Kreta
Knossos
Phaistos
Kaftor/Keftiu?
ANATOLIEN
KLEINASIEN
HATTI
Hattusa
Kanesch
ALASCHIA?
JAMCHAD
HURRITER
Karkemisch
Tell Brak
Chagar Bazar
Ninive
Assur
ASSYRIEN
Alalach
Aleppo
Emar
Ugarit
Ebla
Zypern
Alaschia?
Kaftor/Keftiu?
Hamat
Qatna
Mari
Tadmor
BABYLONIEN
Eschnunna
Sippar
Babylon
Kisch
Larsa
Erech (Uruk)
Ur
Eridu
ELAM
Susa
Byblos
Sidon
Lajisch
Tyrus
Akko
Damaskus
Hazor
Megiddo
Afek
Sichem
Lachisch
Jericho
Gaza
Jerusalem
Scharuhen
Hebron
Zoan (Tanis)
On (Heliopolis)
Tell Jahudijje
Nof (Memfis)
Sinai
FAJUM
ÄGYPTEN
0 200 400 600 800
No-Amon (Theben)

13 Die ägyptische Herrschaft in Vorderasien

In einer zweiten »Zwischenzeit« geriet ein Teil von Ägypten unter die Herrschaft fremder Völker, der Hyksos, die Auaris im östlichen Nildelta zu ihrer Hauptstadt machten. Doch der erste König der 18. Dynastie konnte um 1550 v. Chr. die Einheit Ägyptens wiederherstellen und die Fremden vertreiben. Seine Nachfolger, vor allem Thutmoses I. und Thutmoses III., eroberten in der 1. Hälfte des 15. Jahrhunderts v. Chr. Palästina und Syrien und festigten die ägyptische Herrschaft bis zum Eufrat hinauf.

Archäologisch gesehen beginnt jetzt die Späte Bronzezeit.

KASKA
HATTI
Hattusa
ASI (ASSUWA)
Mykene
Inseln im Meer
ARZAWA
KIZZUWATNA
ALASCHIA?
Waschukanna? (Tell Brak)
Ninive
Karkemisch
Alalach
Emar
MITANNI (NAHARINA)
Assur
Aleppo
Ugarit
UNQI
Sumur
Kreta
Knossos
Kaftor/Keftiu?
Zypern
Alaschia?
RETENU
Hamat
Qatna
Kaftor/Keftiu?
Byblos
Kadesch
Mari
Tigris
ASSYRIEN
Eufrat
Sidon
UPI
Tyrus
Akko
Damaskus
Babylon
KASSITER
Hazor
Megiddo
Janoam
1482
DJAHI
BABYLONIEN (SANGAR)
Jafo
Gaza
Hebron
Zoan (Tanis) ca. 1567 v.Chr.
Scharuhen
Auaris
Nof (Memfis)
Der Feldzug Thutmoses' III. zum Eufrat
Sinai
ÄGYPTEN
Nil
0 200 400 600 800
No-Amon (Theben)

HATTI
Hattusa
ASI
(ASSUWA)
ARZAWA
Mykene
Pylos
Ägäis
Milet
LUKKA
KIZZUWATNA
ALASCHIA?
Kythera
Inseln im Meer
Kreta
Knossos
Phaistos
Kaftor/Keftiu?
Zypern
Alaschia?
Kaftor/Keftiu?
Ugarit
Sumur (Simyra)
SYRIEN
Qatna
Kadesch
Byblos
Kumidi
Damaskus
Megiddo
KANAAN
Gaza
(Tell Brak)
Waschukanna?
MITANNI
(NAHARINA)
Assur
ASSYRIEN
Mari
Babylon
BABYLONIEN
On (Heliopolis)
Nof (Memfis)
ÄGYPTEN
No-Amon
(Theben)
0 200 400 600 800

◄ **14 Das internationale Gleichgewicht um 1400 v. Chr.**
Um das Jahr 1400 v. Chr. war der Mittlere Osten in eine Reihe von Regionen aufgeteilt, deren jede von einem Großkönig kontrolliert und beherrscht wurde. Die Beziehungen zwischen den Regionen waren durch Verträge, durch Heirat zwischen den Dynastien, durch Austausch von Spezialisten – z.B. Ärzten und Architekten – und von Geschenken, einer Art Handel, geregelt. Innerhalb der jeweiligen Region war der Handel im allgemeinen das Monopol des Großkönigs. Palästina war eine Provinz des ägyptischen Weltreichs, das sich zu dieser Zeit unter Amenophis III. (1417-1379 v. Chr.) auf dem Gipfel seiner Macht befand.

15 Siehe folgende Seite.

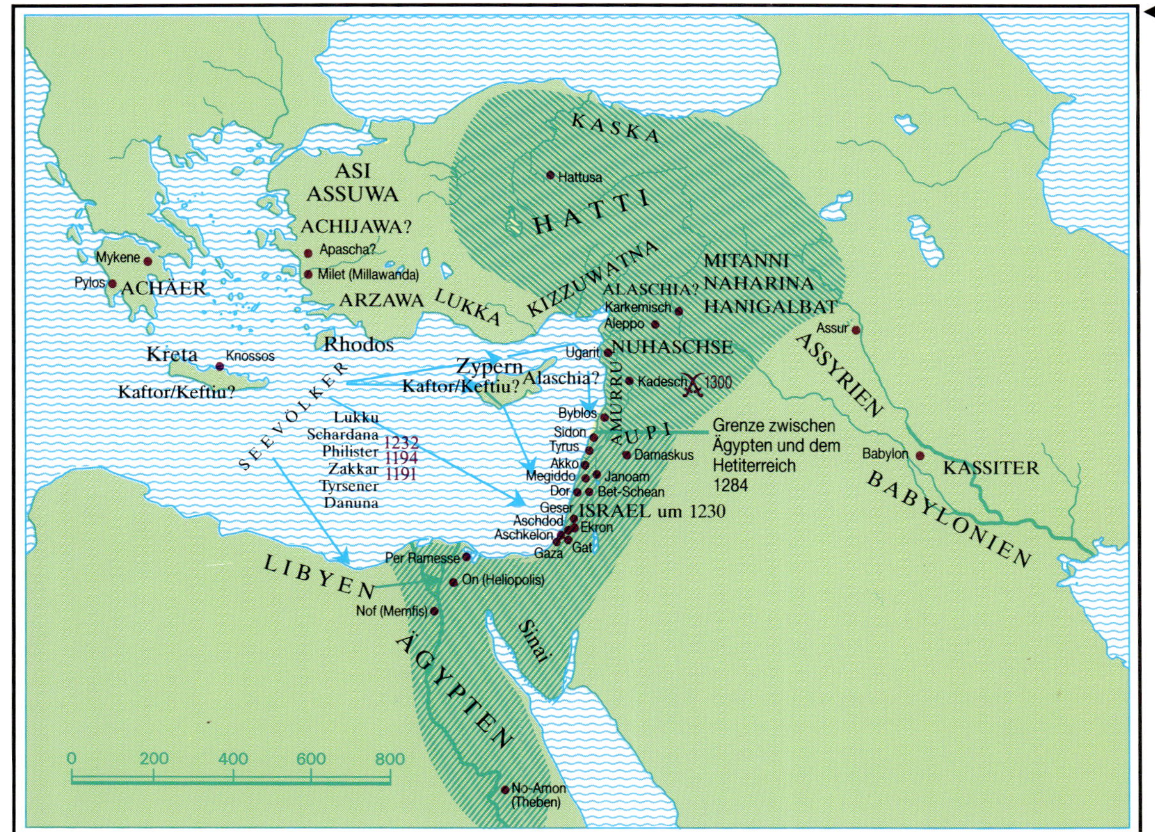
KASKA
Hattusa
HATTI
ASI
ASSUWA
ACHIJAWA?
Apascha?
Milet (Millawanda)
Mykene
Pylos
ACHÄER
ARZAWA
LUKKA
KIZZUWATNA
MITANNI
NAHARINA
HANIGALBAT
ALASCHIA?
Karkemisch
Aleppo
Assur
Rhodos
Kreta
Knossos
Kaftor/Keftiu?
Ugarit
NUHASCHSE
Zypern
Kaftor/Keftiu?
Alaschia?
Kadesch
1300
ASSYRIEN
AMURRU
Byblos
Sidon
Tyrus
Akko
Megiddo
Dor
UPI
Damaskus
Janoam
Bet-Schean
Grenze zwischen
Ägypten und dem
Hetiterreich
1284
Babylon
KASSITER
BABYLONIEN
SEEVÖLKER
Lukku
Schardana
Philister
Zakkar
Tyrsener
Danuna
1232
1194
1191
Geser
Aschdod
Aschkelon
Ekron
Gat
Gaza
ISRAEL um 1230
Per Ramesse
On (Heliopolis)
Nof (Memfis)
LIBYEN
Sinai
ÄGYPTEN
No-Amon
(Theben)
0 200 400 600 800

◄ **16 Ramses II. und III. Das Ende der Bronzezeit**
Gegen Ende der Bronzezeit versuchten die ägyptischen Könige der 19. und 20. Dynastie, ihre Herrschaft in Syrien bis hinauf zum Eufrat aufrechtzuerhalten. Zur gleichen Zeit dehnten die Hetiterkönige (Hatti) ihre Macht sowohl nach Westen als auch nach Süden aus. Nach der Schlacht bei Kadesch am Orontes wurden die Beziehungen 1284 v. Chr. durch einen Vertrag geregelt. Aber eine wachsende Bevölkerungskrise und soziale und ökonomische Probleme ermöglichten es von außen kommenden Völkergruppen, in den Mittleren Osten einzudringen. Das war der Anlaß für den Zusammenbruch der Staaten der Bronzezeit.

15 Namen aus der Amarna-Zeit

Während der Regierungszeit von Amenophis IV. (1379-1362 v.Chr.), der auch unter dem Namen Echnaton bekannt ist, wurde die Residenz von Theben nach Achet-Aton, dem heutigen Tell el-Amarna, verlegt. Hier wurde ein Archiv mit etwa vierhundert Briefen entdeckt, die in Keilschrift auf Tontafeln geschrieben sind. Sie gingen an den Pharao und kamen von Königen anderer Großmächte – z.B. Babylon, Mitanni, Hatti – und von Vasallen in Palästina und Syrien. Die Briefe geben einen Einblick in die politischen Verhältnisse während der Späten Bronzezeit, besonders in den zwanzig Jahren des Bestehens dieses Archivs. Nach dem Fund von Amarna nennt man die ganze Epoche Amarna-Zeit.

Auf der Karte sind, soweit möglich, die Namen in ihrer späteren biblischen Form eingetragen, und nicht alle Namen aus dem Archiv sind aufgeführt.

Kumidi
HOBA (UPE)
Sidon
Damaskus
Tyrus
Hosa (Usu)
Hazor
Akko
Hannaton
Achschaf
Schimron
Aschtarot
Ziri-Baschan
Kanata
Janoam
Schunem
Megiddo
Taanach
Bet-Schean
Gat-Padalla
Bet-Gan (Gina)
Pella
Bostra
K A N A A N
Zafon
Sichem
Jafo
Gat-Rimmon
Geser
Bet-Horon
Ajalon
Jerusalem
Rabba (Rubute)
Aschkelon
Gat
Betlehem
Keïla
Gaza
Lachisch
Jurza
Zoar
Ägyptische Garnison
Stadtkönigtum
Ägyptische Provinzhauptstadt
0 10 20 30 40 50 60
Arwad
Sumur
AMURRU
Arkat
Qatna
Ardata
Ullaza
Batruna
TAHSI
Kadesch
Byblos
Lebo
Beirut
Haschabu
Sidon
AMKI
Hazi
Tyrus
KANAAN
ÄGYPTEN
0 200

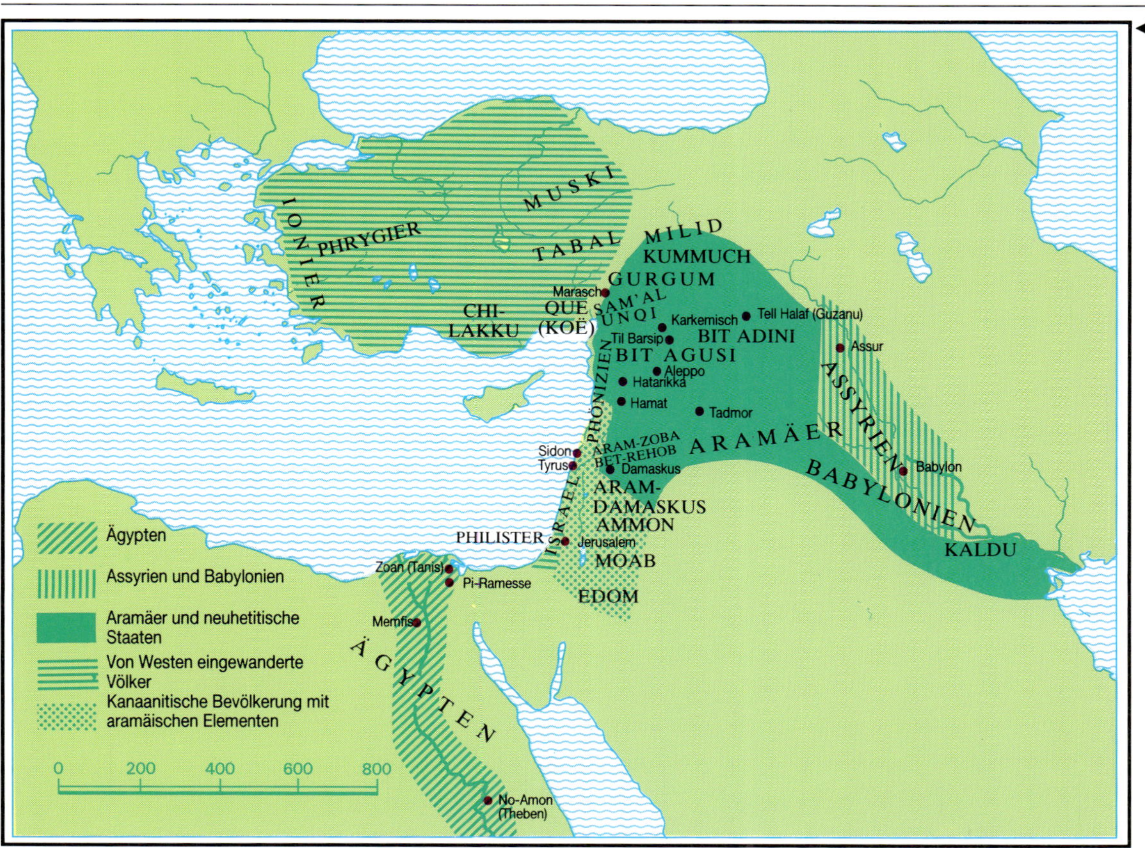
IONIER
PHRYGIER
MUSKI
TABAL
MILID
KUMMUCH
GURGUM
Marasch
SAM'AL
QUE
(KOË)
CHI-
LAKKU
UNQI
Karkemisch
Tell Halaf (Guzanu)
BIT ADINI
Assur
Til Barsip
BIT AGUSI
Aleppo
Hatarikka
Hamat
Tadmor
PHÖNIZIEN
ASSYRIEN
Sidon
Tyrus
ARAM-ZOBA
BET-REHOB
Damaskus
ARAMÄER
Babylon
BABYLONIEN
ARAM-
DAMASKUS
AMMON
ISRAEL
PHILISTER
Jerusalem
MOAB
EDOM
KALDU
Zoan (Tanis)
Pi-Ramesse
Memfis
ÄGYPTEN
No-Amon
(Theben)
Ägypten
Assyrien und Babylonien
Aramäer und neuhetitische Staaten
Von Westen eingewanderte Völker
Kanaanitische Bevölkerung mit aramäischen Elementen
0
200
400
600
800

◂ **17 Der Mittlere Osten um 1000 v. Chr.**

Um 1000 v. Chr. waren Ägypten, Assyrien und Babylonien geschwächt und die Reiche von Hatti und Mitanni verschwunden. In dem so entstandenen Machtvakuum entwickelte sich eine Reihe kleinerer Staaten, von denen hier nur die neuhetitisch-aramäischen Fürstentümer, Israel, Aram-Damaskus und Moab sowie die philistäische Pentapolis genannt seien. Das vorherrschende Element waren die Aramäer, die sich vom nordöstlichen Syrien her über große Gebiete ausgebreitet hatten.

In der Archäologie wird die Periode, die etwa 1200 v. Chr. beginnt, als Eisenzeit bezeichnet.

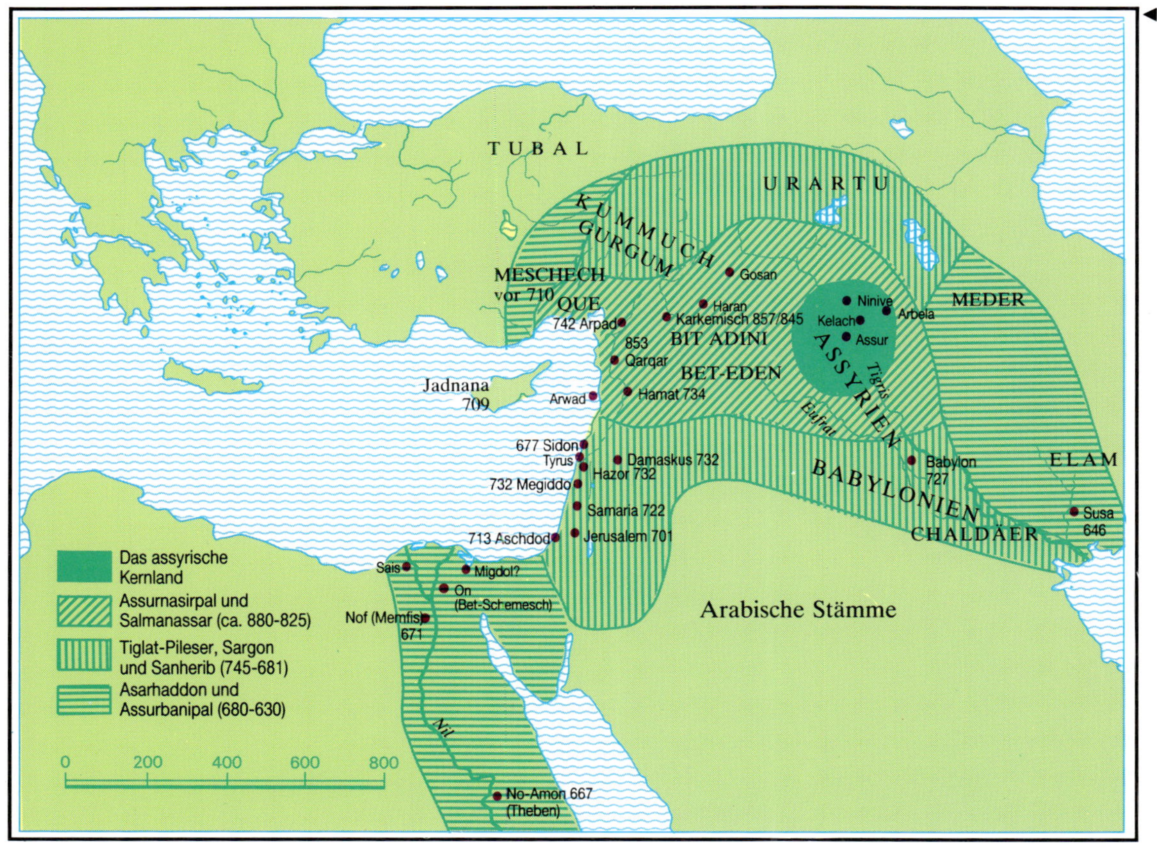
TUBAL
URARTU
KUMMUCH
GURGUM
MESCHECH
vor 710
QUE
742 Arpad
Gosan
Haran
Karkemisch 857/845
Ninive
Arbela
Kelach
Assur
MEDER
853
Qarqar
BIT ADINI
BET-EDEN
Tigris
Eufrat
ASSYRIEN
Jadnana
709
Arwad
Hamat 734
677 Sidon
Tyrus
Damaskus 732
Hazor 732
Babylon
727
ELAM
732 Megiddo
Samaria 722
BABYLONIEN
Susa
646
713 Aschdod
Jerusalem 701
CHALDÄER
Sais
Migdol?
On
(Bet-Schemesch)
Nof (Memfis)
671
Arabische Stämme
Nil
No-Amon 667
(Theben)
Das assyrische Kernland
Assurnasirpal und Salmanassar (ca. 880-825)
Tiglat-Pileser, Sargon und Sanherib (745-681)
Asarhaddon und Assurbanipal (680-630)
0
200
400
600
800

◂ **18 Das Assyrische Weltreich**

Nach einer Schwächeperiode begann Assyrien, im 9. Jahrhundert v. Chr. sich erneut auszudehnen, und wurde für fast 300 Jahre zum ersten Weltreich in der Geschichte. Es führte seine Kriege mit großer Grausamkeit und sicherte seine Herrschaft, indem es die Oberschicht der unterworfenen Völker ins Landesinnere deportierte. Unter Assurbanipal (669 bis etwa 630 v. Chr.) erreichte es seine größte Blüte, danach verfiel es rasch.

19 Das Neubabylonische Weltreich

626 v.Chr. wurde Nabopolassar König von Babylonien. Danach mußte Assyrien sich einer Koalition aus Babyloniern, Medern und Elamitern erwehren. Bei Karkemisch wurde es 605 v.Chr. geschlagen, und Babylonien übernahm die Macht im Mittleren Osten.

KIMMERIER
Halys
LYDIEN
MEDIEN
ASSYRIEN
557/566
ZILIZIEN
605 Karkemisch
Haran 608
Ninive 612
614 Assur
BABYLONISCHES REICH
Tigris
HATTU
Arwad
Hamat
Ribla
Tadmor (Palmyra)
Eufrat
Medische Mauer
Der
Sippar
626 Babylon
Kisch
Lagasch
Nippur
ELAM
Sidon
Tyrus
Hazor
609 Megiddo
Erech
Larsa
Susa
Ur
Aschdod
604 Aschkelon
Jerusalem 598/587
Gaza
CHALDÄER
Sais
Nof (Memfis)
Bach Ägyptens
ARABIEN
ÄGYPTEN 568
Tema
0 200 400 600 800
No-Amon (Theben)

20 Das Persische Weltreich

Um 550 v.Chr. bestieg der Perser Kyrus den Thron des Königreichs Anschan. Er unterwarf Medien, Lydien und Babylonien. Sein Nachfolger Kambyses (529-522 v.Chr.) eroberte Ägypten. Unter Darius I. (521-486 v.Chr.) wurde das Reich in »Satrapien« eingeteilt. Die 5. Satrapie hieß »Abar-Nahara«, »(Das Land) Jenseits des Stromes (Eufrat)«, und umfaßte u.a. die Provinz Jehud (Juda).

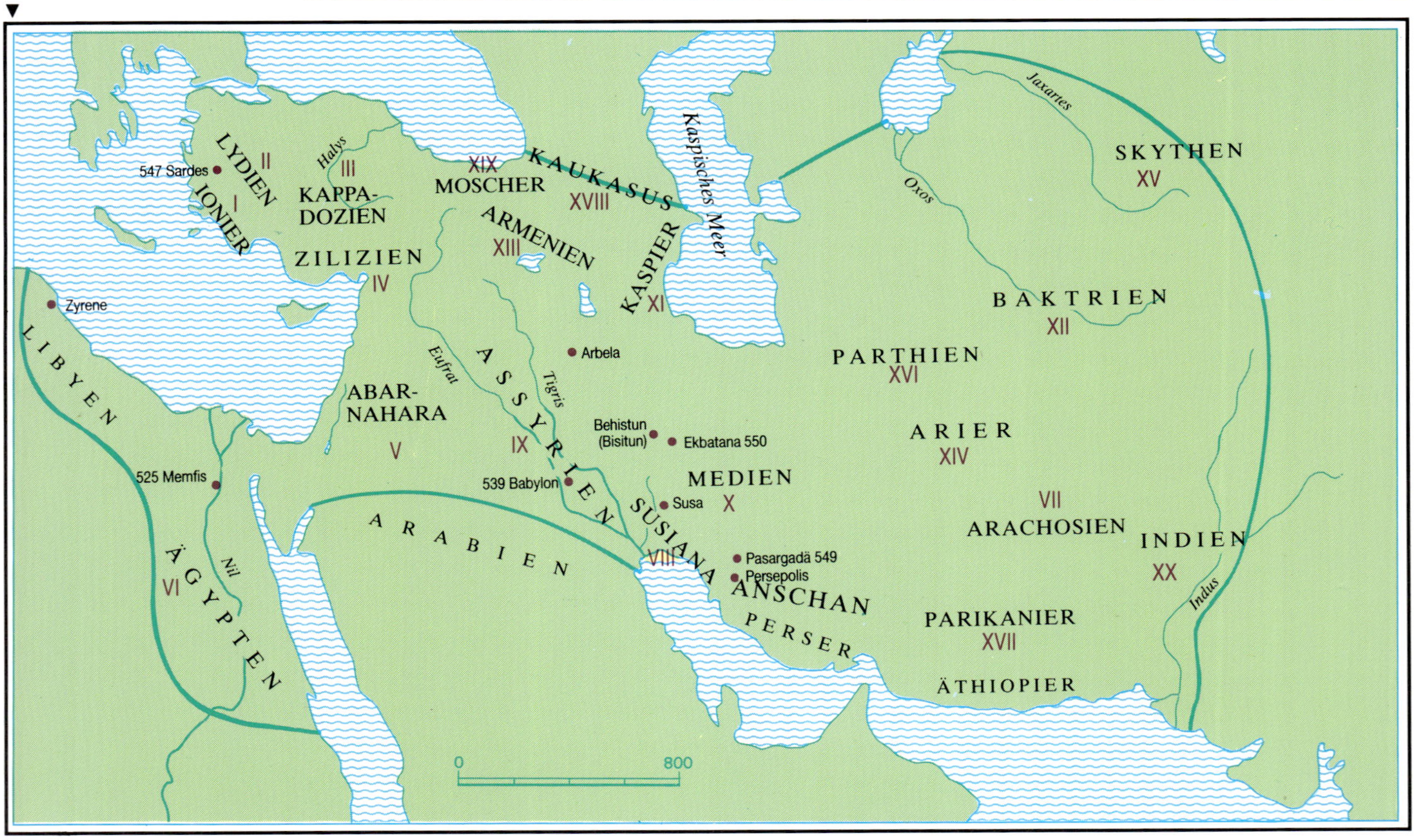

547 Sardes
LYDIEN II
IONIER I
Halys
III KAPPADOZIEN
XIX MOSCHER
KAUKASUS XVIII
ARMENIEN XIII
Kaspisches Meer
KASPIER XI
Jaxartes
SKYTHEN XV
Oxos
ZILIZIEN IV
Zyrene
LIBYEN
BAKTRIEN XII
Arbela
Eufrat
Tigris
ASSYRIEN IX
ABAR-NAHARA V
PARTHIEN XVI
Behistun (Bisitun)
Ekbatana 550
ARIER XIV
525 Memfis
539 Babylon
MEDIEN X
Susa
VII ARACHOSIEN
INDIEN XX
ARABIEN
SUSIANA VIII
Pasargadä 549
Persepolis
ANSCHAN
Indus
Nil
ÄGYPTEN VI
PERSER
PARIKANIER XVII
ÄTHIOPIER
0 800

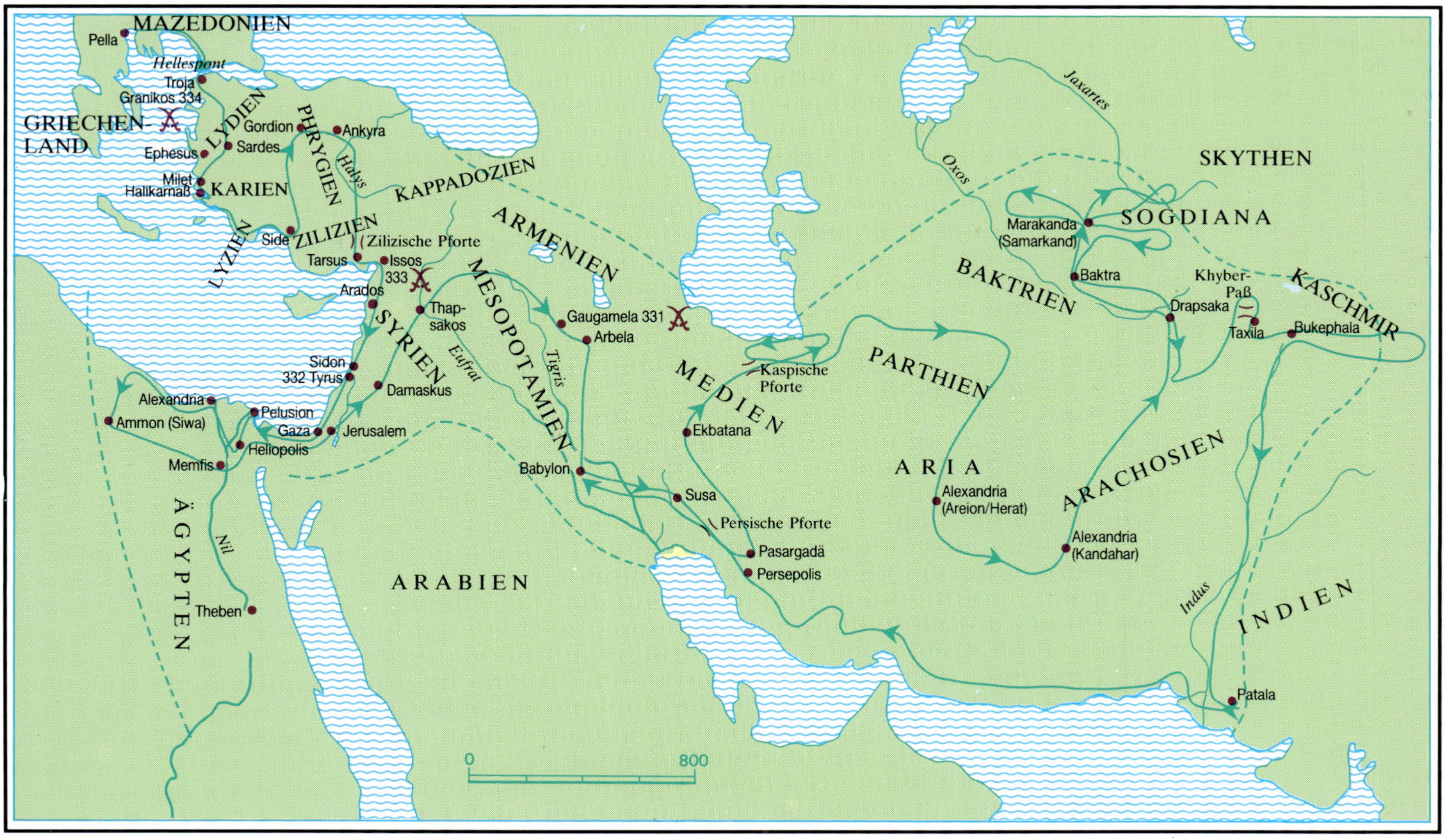

MAZEDONIEN
Pella
Hellespont
Troja
Granikos 334
GRIECHEN-LAND
LYDIEN
Gordion
Ankyra
PHRYGIEN
Halys
Ephesus
Sardes
Milet
Halikarnaß
KARIEN
KAPPADOZIEN
ARMENIEN
Side
ZILIZIEN
(Zilizische Pforte
LYZIEN
Tarsus
Issos 333
Arados
Thap-sakos
MESOPOTAMIEN
SYRIEN
Eufrat
Tigris
Gaugamela 331
Arbela
Sidon
332 Tyrus
Damaskus
Alexandria
Ammon (Siwa)
Pelusion
Gaza
Jerusalem
Heliopolis
Memfis
ÄGYPTEN
Nil
Theben
ARABIEN
Babylon
Susa
Persische Pforte
Pasargadä
Persepolis
MEDIEN
Ekbatana
Kaspische Pforte
PARTHIEN
ARIA
Alexandria (Areion/Herat)
ARACHOSIEN
Alexandria (Kandahar)
BAKTRIEN
Baktra
Jaxartes
Oxos
SKYTHEN
SOGDIANA
Marakanda (Samarkand)
Khyber-Paß
Drapsaka
Taxila
Bukephala
KASCHMIR
Indus
INDIEN
Patala
0
800

21 Alexander der Große
Nachdem Alexander 336 v. Chr. König von Mazedonien geworden war, vernichtete er die persische Armee in drei Schlachten: am Granikos (334), bei Issos (333) und Gaugamela (331) und drang auf einem beispiellosen Eroberungszug bis nach Indien vor. Er starb in Babylon 323 v. Chr.

MAZEDONIEN
PAPHLAGONIEN
PONTUS
ARMENIEN
MYSIEN
BITHYNIEN
GALATIEN
Pergamon
ASIEN
PHRYGIEN
KAPPADOZIEN
Smyrna
Sardes
Ephesus
LYDIEN
KARIEN
Milet
LYZIEN
PAM-PHYLIEN
ZILIZIEN
Antiochia (Tarsus)
Zeugma
Antiochia (Nisibis)
Alexandria (Arbela)
PARTHIEN
Seleuzia
Antiochia
Apamea
Dura-Europos
Epiphaneia (Ekbatana)
MEDIEN
SELEUZIDEN
Neo-Paphos
Arados
Tripolis
Emesa
Byblos
Sidon
Tyrus
Damaskus
Ptolemais
Dora
Babylon
BABYLONIEN
Seleuzia (Susa)
Zyrene
PTOLEMÄER
LIBYEN
Philadelphia
Pelusion
Alexandria
Gaza
NABATÄER
Memfis
FAJUM
ÄGYPTEN
ARABIEN
0
200
400
600
800
Theben

22 Ägypten und Syrien in hellenistischer Zeit
Nach dem Tod Alexanders wurde sein Reich geteilt. Ägypten wurde von den Ptolemäern, Syrien von den Seleuziden beherrscht. Palästina gehörte zunächst zum ägyptisch-ptolemäischen, dann, nach 198 v. Chr., zum syrisch-seleuzidischen Herrschaftsbereich. Im ganzen Vorderen und Mittleren Orient gründeten die Griechen neue, griechische Städte (in der Karte angedeutet) oder gaben alten Städten neue, griechische Namen.

23 Das Römische Weltreich
Im Jahre 64 v. Chr. wird Jerusalem von Pompeius erobert und Judäa dem Römischen Weltreich eingegliedert. Das Römerreich erreichte seine größte Ausdehnung zur Zeit der frühen Kaiser von Augustus bis Hadrian (30 v. Chr. – 138 n. Chr.). Es umfaßte die ganze zivilisierte westliche Welt.

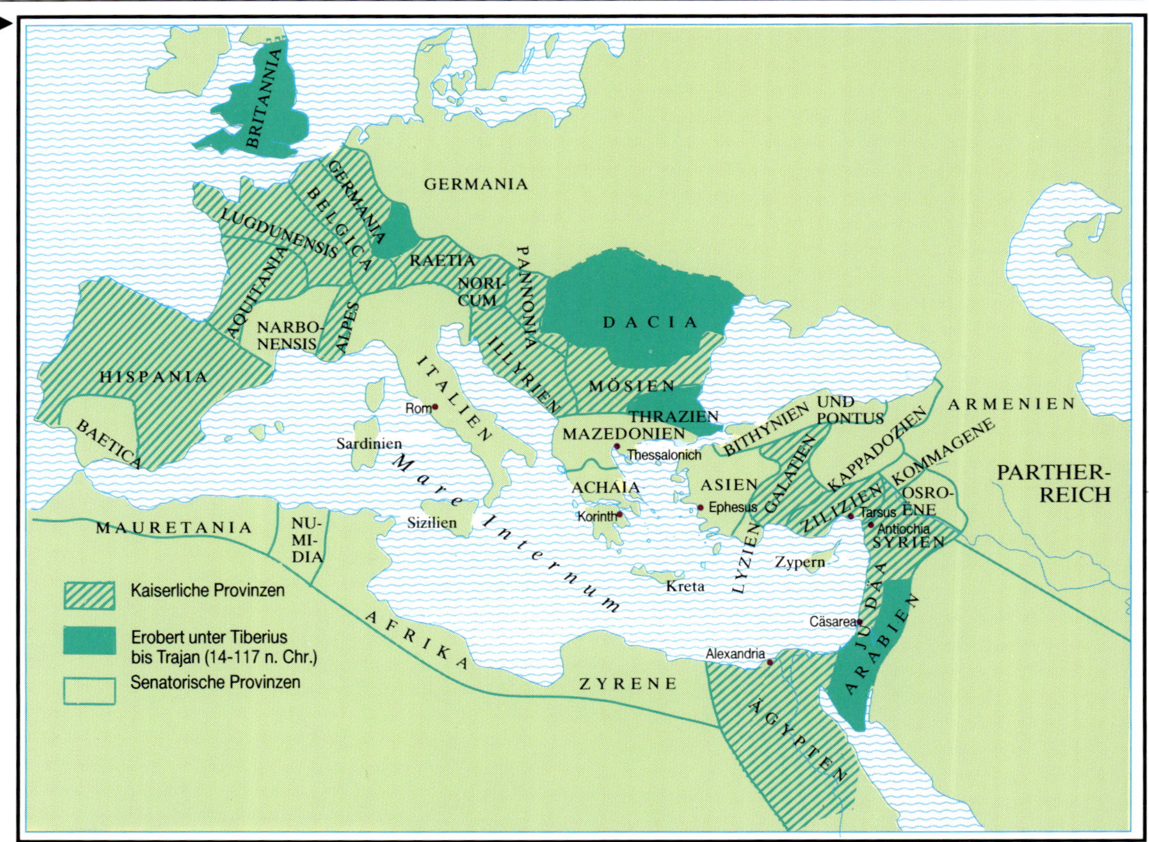
BRITANNIA
GERMANIA
BELGICA
LUGDUNENSIS
AQUITANIA
RAETIA
NORICUM
PANNONIA
DACIA
ALPES
NARBONENSIS
HISPANIA
BAETICA
ITALIEN
ILLYRIEN
MÖSIEN
THRAZIEN
MAZEDONIEN
Thessalonich
Rom
Sardinien
Mare Internum
ACHAIA
Korinth
ASIEN
Ephesus
BITHYNIEN UND PONTUS
GALATIEN
KAPPADOZIEN
ARMENIEN
KOMMAGENE
OSRO-ENE
ZILIZIEN
Tarsus
Antiochia
SYRIEN
PARTHER-REICH
MAURETANIA
NUMIDIA
Sizilien
LYZIEN
Zypern
Kreta
Cäsarea
JUDÄA
ARABIEN
Alexandria
AFRIKA
ZYRENE
ÄGYPTEN
Kaiserliche Provinzen
Erobert unter Tiberius bis Trajan (14-117 n. Chr.)
Senatorische Provinzen

24 Die jüdische Diaspora
Apg 2,9-11; 1Makk 15,16.22f
Die jüdische Diaspora hat ihren Ursprung in den Deportationen und Fluchtwellen der Jahre 722 und 598-582 v. Chr. Später wurde die Auswanderung noch stärker, sowohl nach dem Osten (Babylonien) wie auch nach Süden (Ägypten) und Westen (Syrien, Kleinasien, Griechenland und Rom). Zur Zeit Jesu zählte die Diaspora 4 bis 5 Millionen Juden, während nur 1/2 Million in Palästina lebte. Viele in der Diaspora waren freilich Proselyten.

Auf der Karte sind die Namen aus Apg 2,9-11 unterstrichen.

MAZEDONIEN
Thessalonich
Philippi
Beröa
GRIECHENLAND
Sikyon
Korinth
Athen
Sparta
Delos
Kreta
Gortyna
ASIEN
Adramyttion
Pergamon
Smyrna
Thyatira
Ephesus
Tralles
Samos
Milet
Myndos
Kos
Halikarnaß
Knidos
Rhodos
LYDIEN
KARIEN
LYZIEN
Philadelphia
Sardes
Laodizea
Kolossä
Perge
Phaselis
Side
PHRYGIEN
GALATIEN
Antiochia
Ikonion
Derbe
BITHYNIEN
PONTUS
KAPPADOZIEN
ZILIZIEN
Tarsus
PAMPHYLIEN
Seleuzia
Antiochia
SYRIEN
Apamea
Zypern
Salamis
Paphos
Arados
PHÖNIZIEN
Sidon
Tyrus
Damaskus
MESOPOTAMIEN
Nisibis
ADIABENE
PARTHIEN
MEDIEN
Nehardea
Babylon
ELAM
PERSIEN
Zyrene
LIBYEN
Alexandria
Heliopolis
FAJUM
Oxyrhynchos
ÄGYPTEN
Theben
JUDÄA
ARABIEN
ITALIEN
Rom
Puteoli
Pompeji
0 200 400 600 800

III. Bibelhistorische Karten

25 Die biblischen Landschaftsnamen

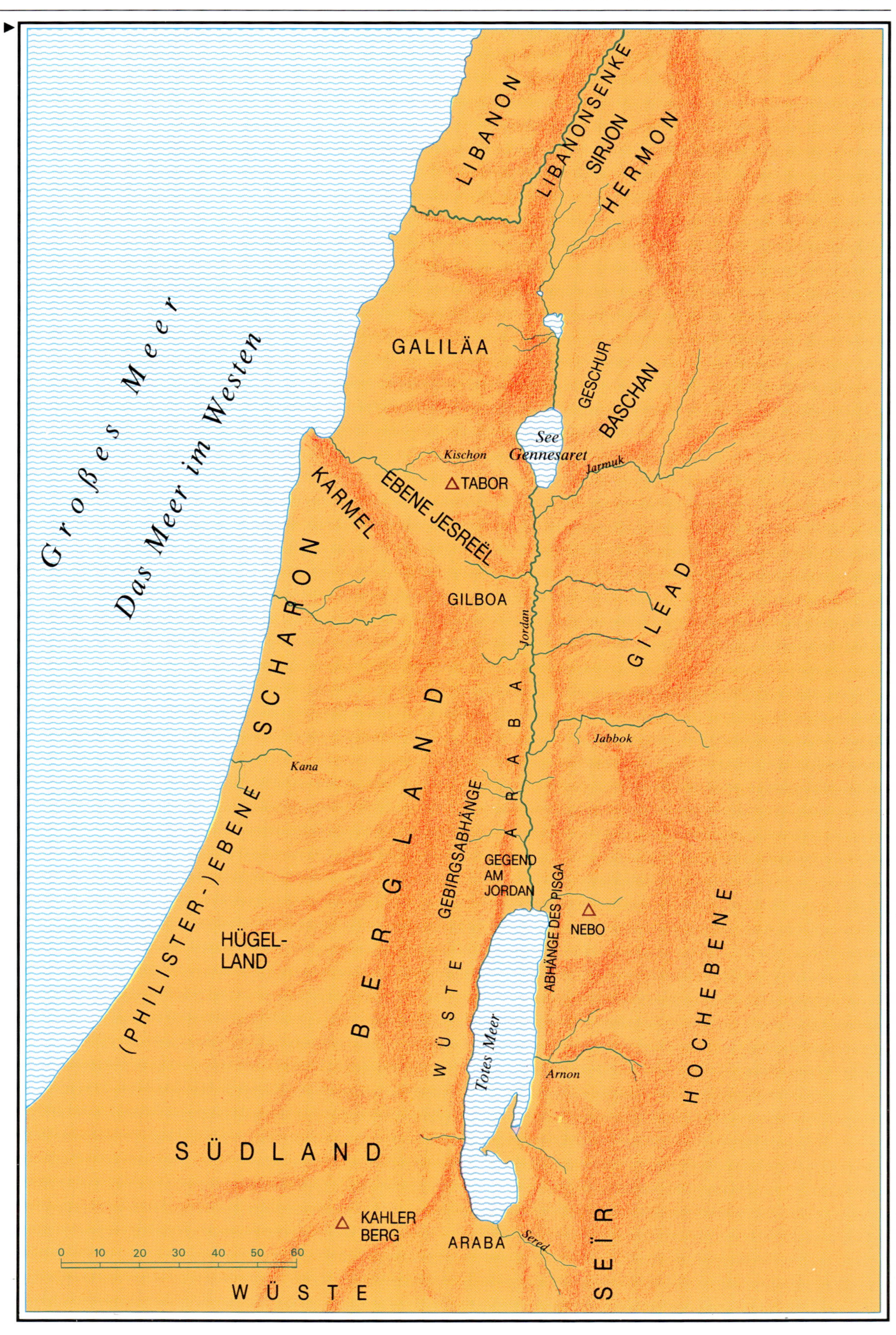
LIBANON
LIBANONSENKE
SIRJON
HERMON
Großes Meer
Das Meer im Westen
GALILÄA
GESCHUR
BASCHAN
See Gennesaret
Kischon
Jarmuk
TABOR
KARMEL
EBENE JESREËL
GILBOA
Jordan
GILEAD
SCHARON
Jabbok
Kana
ARABA
BERGLAND
GEBIRGSABHÄNGE
GEGEND AM JORDAN
ABHÄNGE DES PISGA
NEBO
(PHILISTER-)EBENE
HÜGEL-LAND
WÜSTE
Totes Meer
Arnon
HOCHEBENE
SÜDLAND
KAHLER BERG
ARABA
Sered
SEÏR
WÜSTE
0 10 20 30 40 50 60

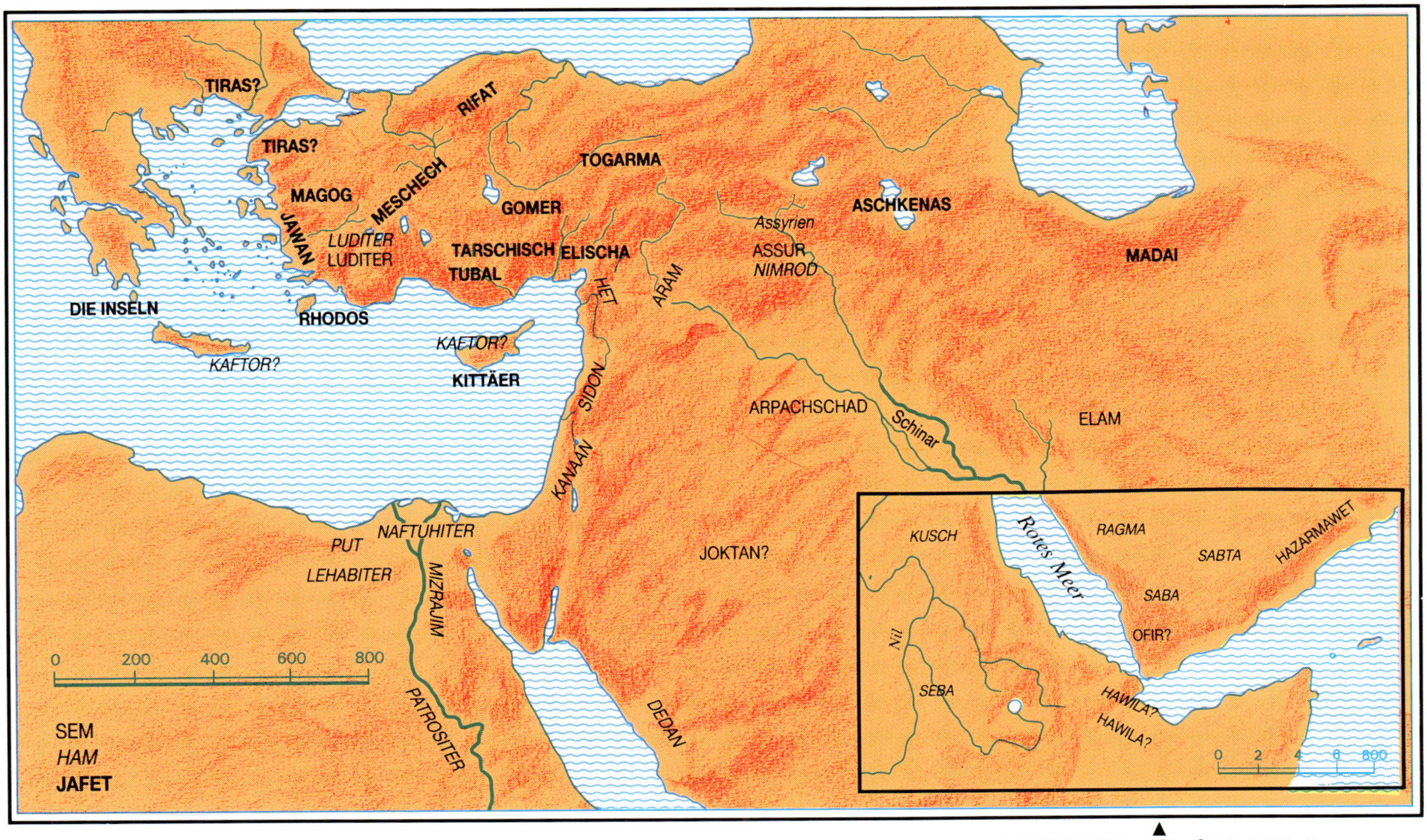

TIRAS?
TIRAS?
RIFAT
TOGARMA
MAGOG
MESCHECH
GOMER
ASCHKENAS
JAWAN
LUDITER
LUDITER
Assyrien
TARSCHISCH
ELISCHA
ASSUR
NIMROD
MADAI
TUBAL
HET
ARAM
DIE INSELN
RHODOS
KAFTOR?
KAFTOR?
KITTÄER
SIDON
ARPACHSCHAD
Schinar
ELAM
KANAAN
NAFTUHITER
PUT
LEHABITER
JOKTAN?
MIZRAJIM
KUSCH
Rotes Meer
RAGMA
SABTA
HAZARMAWET
SABA
Nil
OFIR?
SEBA
HAWILA?
HAWILA?
0 200 400 600 800
SEM
HAM
JAFET
PATROSITER
DEDAN

26 Die biblische Völkertafel
1Mose/Gen 10
Die Genealogie der Nachkommen Noachs in 1Mose/Genesis 10 gibt uns ein gutes Bild von den geographischen Vorstellungen der Israeliten. Die Völker der Welt wurden in drei Gruppen eingeteilt, deren jede von einem der Söhne Noachs – Sem, Ham und Jafet – hergeleitet wurde. Sem lebte im Osten, Ham im Süden und Jafet im Norden.

Die Liste stammt vielleicht erst aus dem 5. oder 4. Jahrhundert v. Chr., enthält jedoch älteres Material.

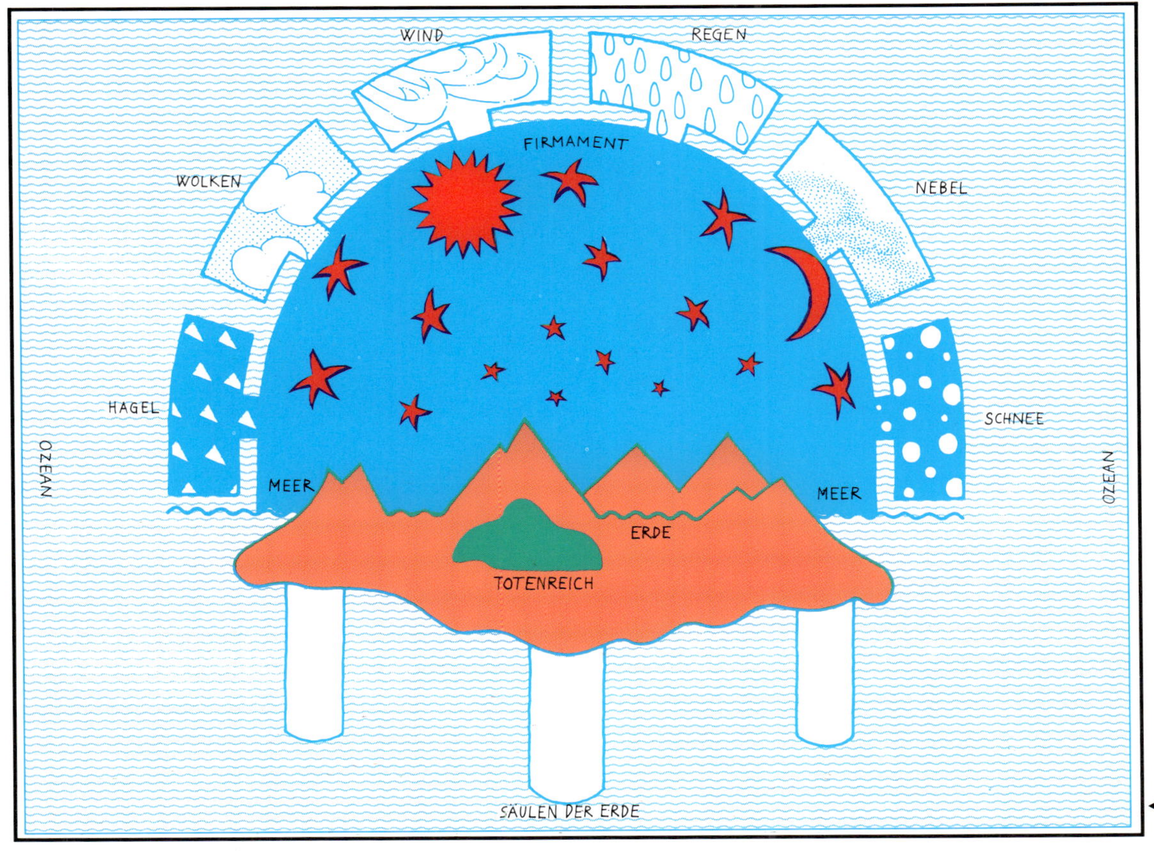
WIND
REGEN
FIRMAMENT
WOLKEN
NEBEL
HAGEL
SCHNEE
OZEAN
OZEAN
MEER
MEER
ERDE
TOTENREICH
SÄULEN DER ERDE

27 Das biblische Weltbild

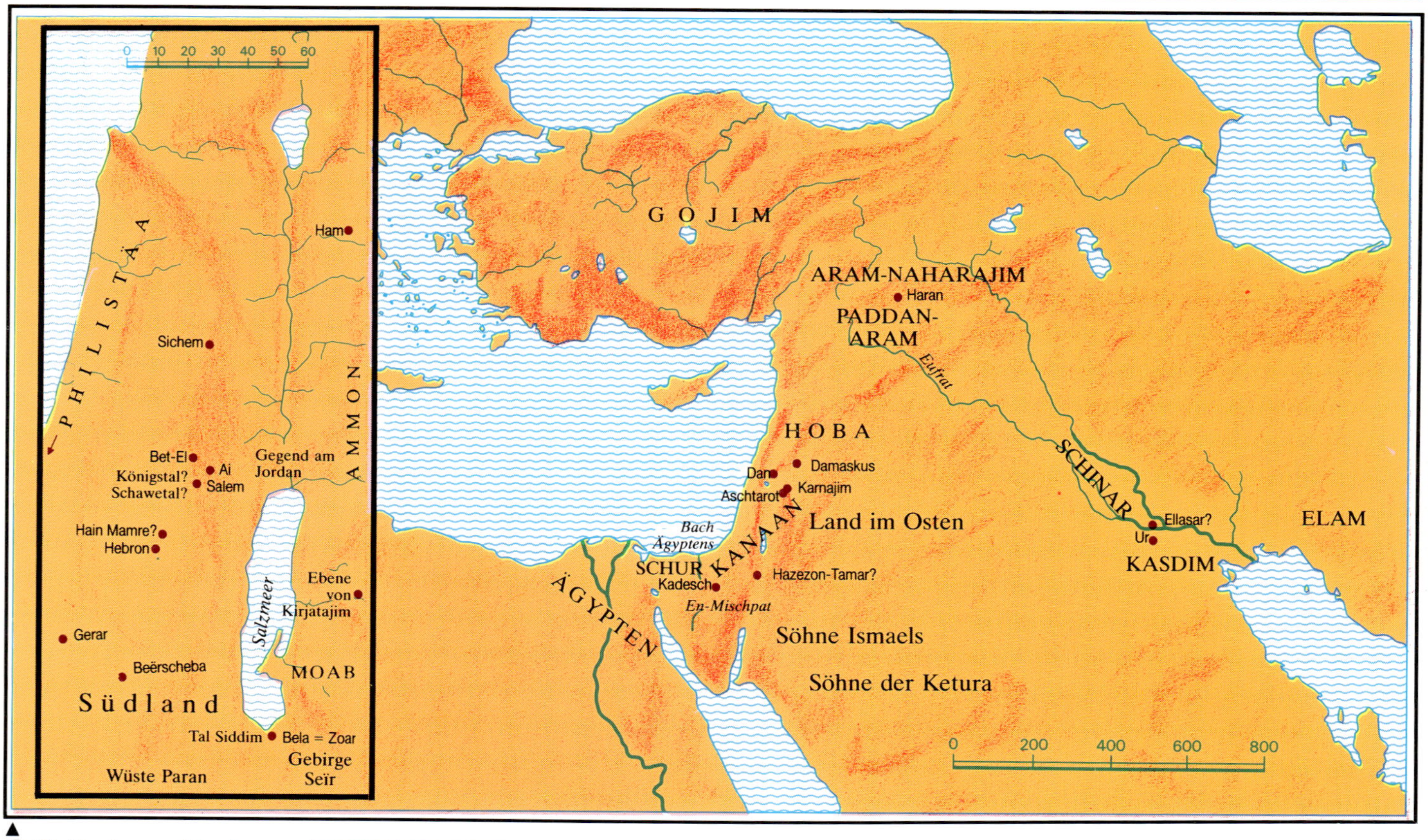

0 10 20 30 40 50 60
PHILISTÄA
Ham
Sichem
AMMON
Bet-El
Ai
Königstal?
Schawetal?
Salem
Gegend am Jordan
Hain Mamre?
Hebron
Ebene von Kirjatajim
Salzmeer
Gerar
Beërscheba
MOAB
Südland
Tal Siddim
Bela = Zoar
Wüste Paran
Gebirge Seïr
GOJIM
ARAM-NAHARAJIM
Haran
PADDAN-ARAM
Eufrat
HOBA
Dan
Damaskus
Aschtarot
Karnajim
SCHINAR
Land im Osten
Ellasar?
Ur
ELAM
KASDIM
Bach Ägyptens
SCHUR
KANAAN
Kadesch
Hazezon-Tamar?
En-Mischpat
ÄGYPTEN
Söhne Ismaels
Söhne der Ketura
0 200 400 600 800

▲
28 Abraham und Isaak
1Mose/Gen 11,27–25,18
Abraham ist Stammvater der Israeliten durch Isaak, aber auch Stammvater einer Reihe anderer Völker durch Ismael und andere Söhne seiner Nebenfrauen.

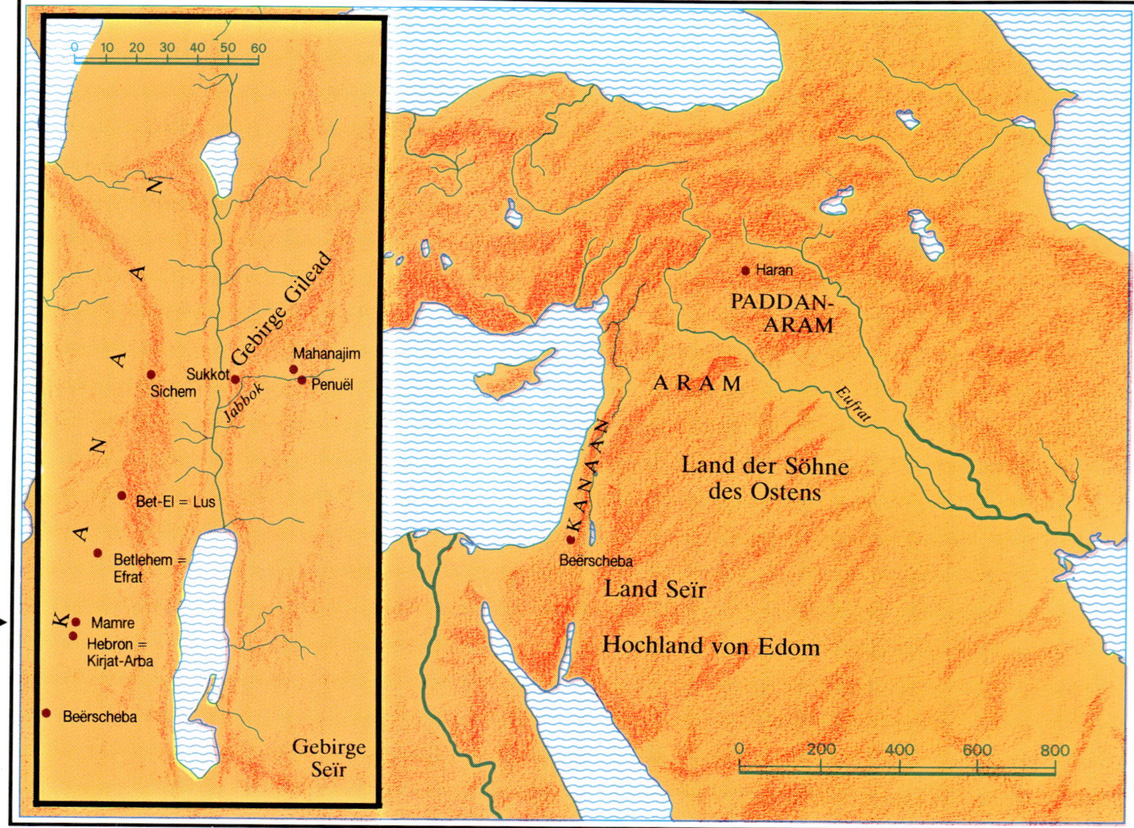
0 10 20 30 40 50 60
KANAAN
Gebirge Gilead
Mahanajim
Sukkot
Penuël
Sichem
Jabbok
Bet-El = Lus
Betlehem = Efrat
Mamre
Hebron = Kirjat-Arba
Beërscheba
Gebirge Seïr
Haran
PADDAN-ARAM
ARAM
Eufrat
Land der Söhne des Ostens
KANAAN
Beërscheba
Land Seïr
Hochland von Edom
0 200 400 600 800

29 Jakob ▸
1Mose/Gen 27–35
Die von Jakob – in 1Mose/Gen 32,29; 35,10 mit Israel gleichgesetzt (das Nordreich) – handelnden Traditionen weisen auf eine frühe Beziehung zu den Aramäern hin (vgl. Karte 17).

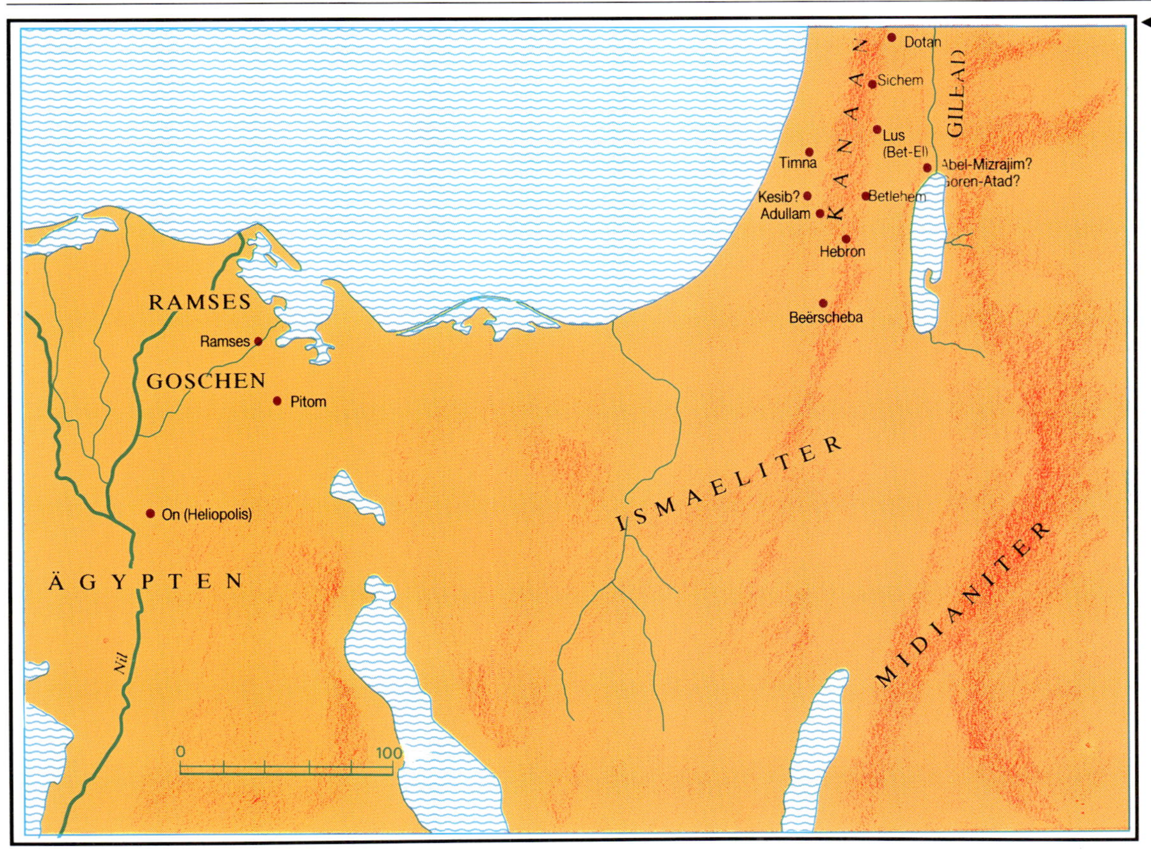
Dotan
Sichem
Lus
(Bet-El)
Timna
Kesib?
Adullam
Betlehem
Abel-Mizrajim?
Goren-Atad?
Hebron
Beërscheba
KANAAN
GILEAD
RAMSES
Ramses
GOSCHEN
Pitom
On (Heliopolis)
ÄGYPTEN
Nil
ISMAELITER
MIDIANITER
0
100

◄ **30 Die Josefsgeschichte. Israel in Ägypten**

1Mose/Gen 37–2Mose/Ex 1

Die Josefsgeschichte stammt in ihrer gegenwärtigen Gestalt frühestens aus der späten Königszeit. Sie verknüpft die Überlieferungen über die Zeit der Väter mit den Traditionen über den Auszug aus Ägypten und die Wüstenwanderung.

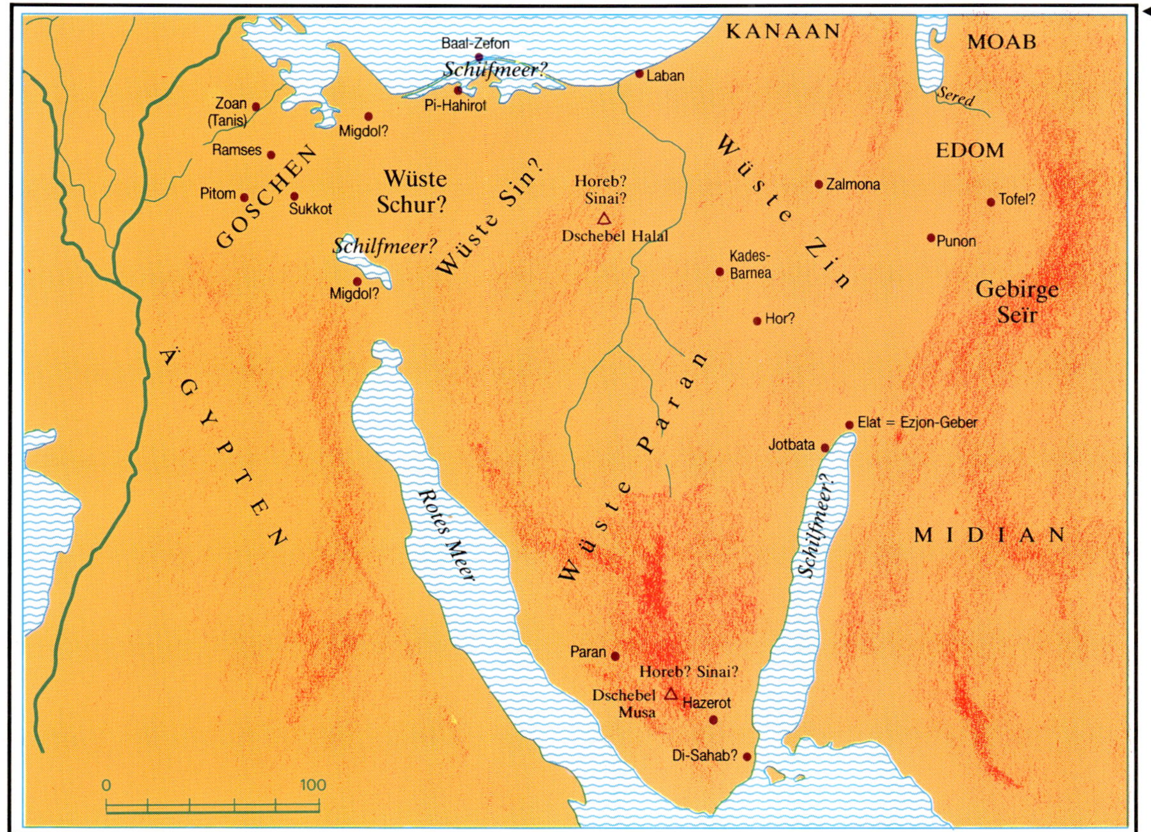
Baal-Zefon
Schilfmeer?
Pi-Hahirot
Laban
KANAAN
MOAB
Sered
EDOM
Zoan
(Tanis)
Migdol?
Ramses
GOSCHEN
Pitom
Sukkot
Wüste Schur?
Wüste Sin?
Horeb?
Sinai?
Dschebel Halal
Wüste Zin
Zalmona
Tofel?
Punon
Schilfmeer?
Migdol?
Kades-
Barnea
Hor?
Gebirge Seïr
ÄGYPTEN
Wüste Paran
Elat = Ezjon-Geber
Jotbata
Rotes Meer
Schilfmeer?
MIDIAN
Paran
Horeb? Sinai?
Dschebel
Musa
Hazerot
Di-Sahab?
0
100

◄ **31 Der Auszug aus Ägypten und die Wüstenwanderung**

2Mose/Ex 12,37–19,2; 4Mose/Num 10,11f; 12,16; 14; 20; 33; 5Mose/Dtn 1–2

Die Überlieferungen über den Auszug aus Ägypten und die Wüstenwanderung enthalten viele Ortsangaben, die sich heute nicht mehr bestimmen lassen. Die Karte nennt nur die hinlänglich identifizierbaren Orte. Hinzuzunehmen ist Karte 32, da die Traditionen über die Wüstenwanderung mit denen über die Besiedlung des Ostjordanlandes eng verflochten sind.

REHOB
Libanonsenke
Hermon
Sirjon Senir
MAACHA
Völker in Galiläa?
Kedesch
Hazor
BASCHAN
GESCHUR
See Kinneret
Zeltdörfer Jairs?
Aschtarot
Achschaf
Schimron = Meron
Jokneam
Karmel
Dor
Megiddo
Taanach
ARGOB
Edrei
MANASSE
SCHARON
Hefer
Tirza
Jordan
Jabbok
GILEAD
ARABA
Tappuach
Afek
Jaser
Jogboha
GAD
AMMON
Geser
Bet-El
Ai
Jericho
Bet-Nimra
Bet-Haram
Elale
Schittim
Abhänge des Pisga
Pegor
Heschbon
Jerusalem
Bet-Jeschimot
Nebo
RUBEN
Medeba
Geder
Baal-Meon
Jarmut
Adullam
Libna
Atarot = Atrot-Schofa
Gebirgsabhänge
Wüste
Meer der Araba Salzmeer
Abarim Gebirge
Kirjatajim?
Jahza
Eglon
Lachisch
Hebron
Dibon
Aroër
Arnon
Debir
Hügelland
Bergland
Südland
MOAB
Arad
Horma
Kahler Berg
Weg von Atarim
Sered
ARABA
SEÏR
0 10 20 30 40 50 60

32 Die Eroberung Kanaans
4Mose/Num 13–14; 21–32; 5Mose/Dtn 2–3; Jos 12; 14,6-15

In der Geschichte über die Kundschafter im verheißenen Land (4Mose/Num 13–14), besonders in der über Kaleb (vgl. Jos 14,6-15), hat möglicherweise eine Einwanderung nach Kanaan aus dem Süden ihren Niederschlag gefunden. 4Mose/Num 21–32 erzählt die Geschichte der Eroberung des Ostjordanlandes. Schließlich ist die Geschichte der Eroberung Kanaans in Jos 12 in Form einer kurzen Liste der eroberten Landschaften und Städte zusammengefaßt.

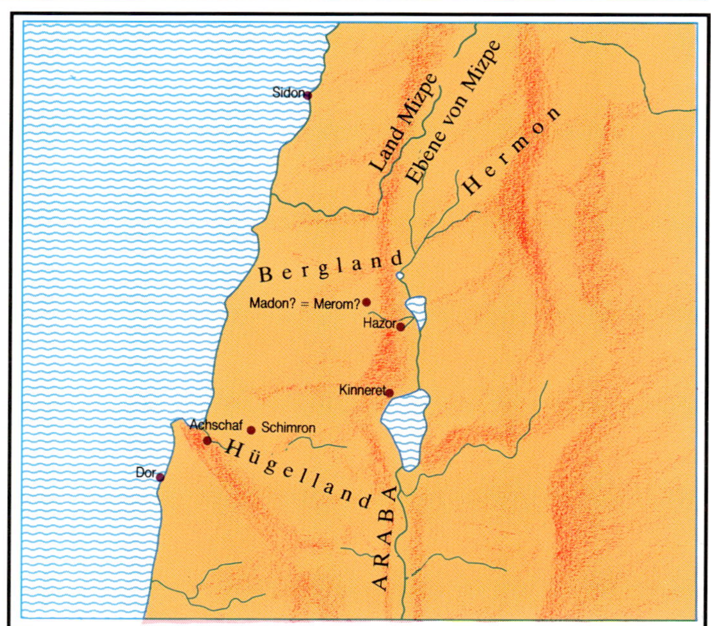

Sidon
Land Mizpe
Ebene von Mizpe
Hermon
Bergland
Madon? = Merom?
Hazor
Kinneret
Achschaf
Schimron
Hügelland
Dor
ARABA

Jordan
Wüste
Abhänge
Bet-Awen?
Geser
Bet-Horon
Bet-El
Ai
Gilgal
Gibeon
Jericho
Schittim
Tal von Ajalon
Kefira
Ajalon
Bet-Awen?
Beerot
Kirjat-Jearim
Jerusalem
Aseka
Jarmut
Libna
Eglon
Lachisch
Hebron
Debir
Hügelland
GOSCHEN?
Bergland
Gebirgsabhänge
Meer der Araba oder Salzmeer
Südland
0 10 20 30 40 50 60

33/34 Die Eroberungen unter Josua
Jos 2,1–11,15

Die Geschichte der Eroberungen Josuas handelt eigentlich nur von zwei Teilen des verheißenen Landes: Einmal vom südlichen Teil, und zwar zuerst und vor allem vom späteren Gebiet des Stammes Benjamin. Hier hatten die Israeliten auch ihr Standlager in Gilgal in der Nähe des Jordans (Jos 2–10). Zum andern wird berichtet von der Eroberung Galiläas, und zwar in Verbindung mit einer Schlacht bei den Quellen von Merom und der Einnahme der Stadt Hazor (Jos 11,1-15). Über die Eroberung des Zentralen Berglands erfahren wir nichts.

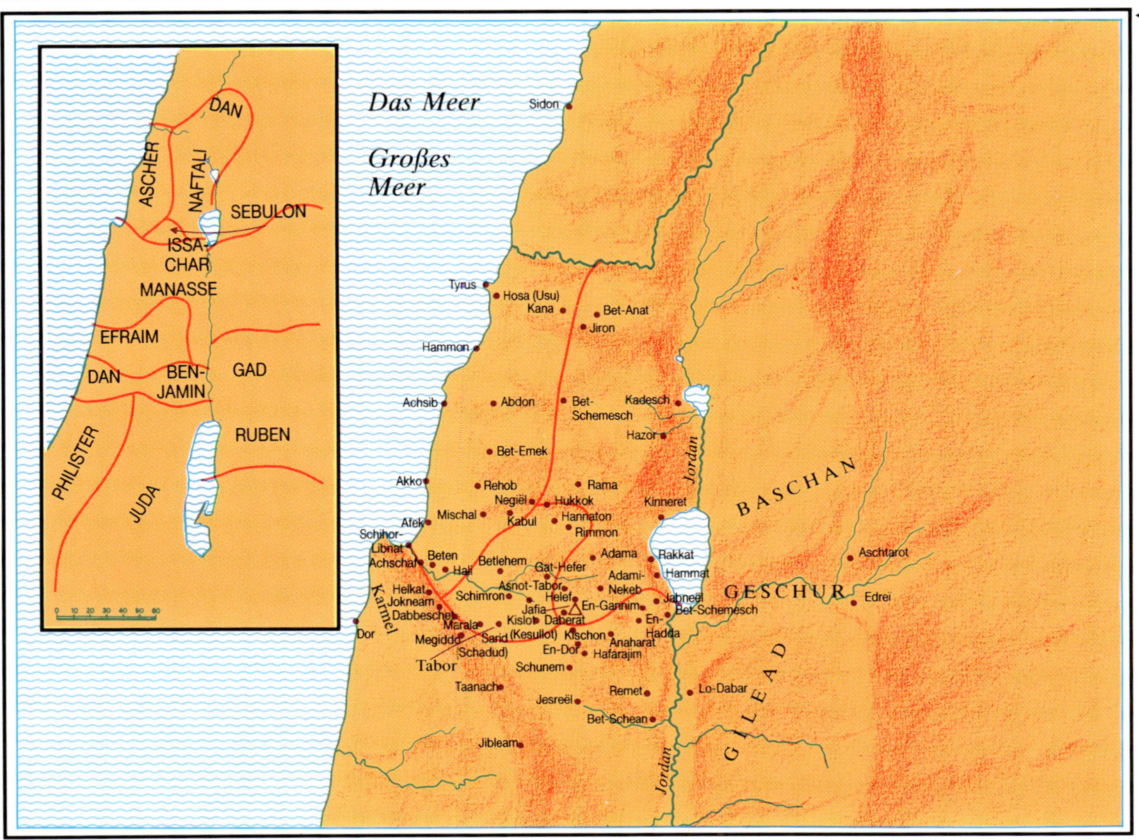

Das Meer
Großes Meer
Sidon
Tyrus
Hosa (Usu)
Kana
Bet-Anat
Jiron
Hammon
Achsib
Abdon
Bet-Schemesch
Kadesch
Hazor
Jordan
Bet-Emek
Akko
Rehob
Rama
Negiël
Hukkok
Mischal
Kabul
Hannaton
Rimmon
Kinneret
Afek
Schihor-Libnat
Achschaf
Beten
Hali
Betlehem
Gat-Hefer
Adama
Rakkat
Hammat
Adami-Nekeb
Asnot-Tabor
Helkat
Jokneam
Dabbeschet
Schimron
Jafia
Helef
En-Gannim
Jabneel
Bet-Schemesch
Karmel
Dor
Marala
Kislot
Daberat
En-Hadda
Megiddo
Sarid (Kesullot)
(Schadud)
Kischon
Anaharat
En-Dor
Hafarajim
Tabor
Schunem
Taanach
Remet
Jesreël
Lo-Dabar
Bet-Schean
Jibleam
BASCHAN
GESCHUR
Aschtarot
Edrei
GILEAD
DAN
ASCHER
NAFTALI
SEBULON
ISSA-CHAR
MANASSE
EFRAIM
DAN
BEN-JAMIN
GAD
RUBEN
PHILISTER
JUDA

35 **Die Verteilung des Landes im Norden**
Jos 13–19
Nach der Eroberung durch Josua wurde das Land unter die Stämme Israels aufgeteilt. Die Listen in Jos 13–19 enthalten unterschiedliche Elemente: teils Grenzbeschreibungen, teils Städtelisten. Die Datierung der einzelnen Teile ist schwierig; sie stammen offensichtlich aus verschiedenen Zeiten der Geschichte Israels. Eine der Listen – die Liste der Städte Judas (Jos 15,20-62) – wird allgemein der Zeit von König Joschija zugewiesen (vgl. Karte 46).

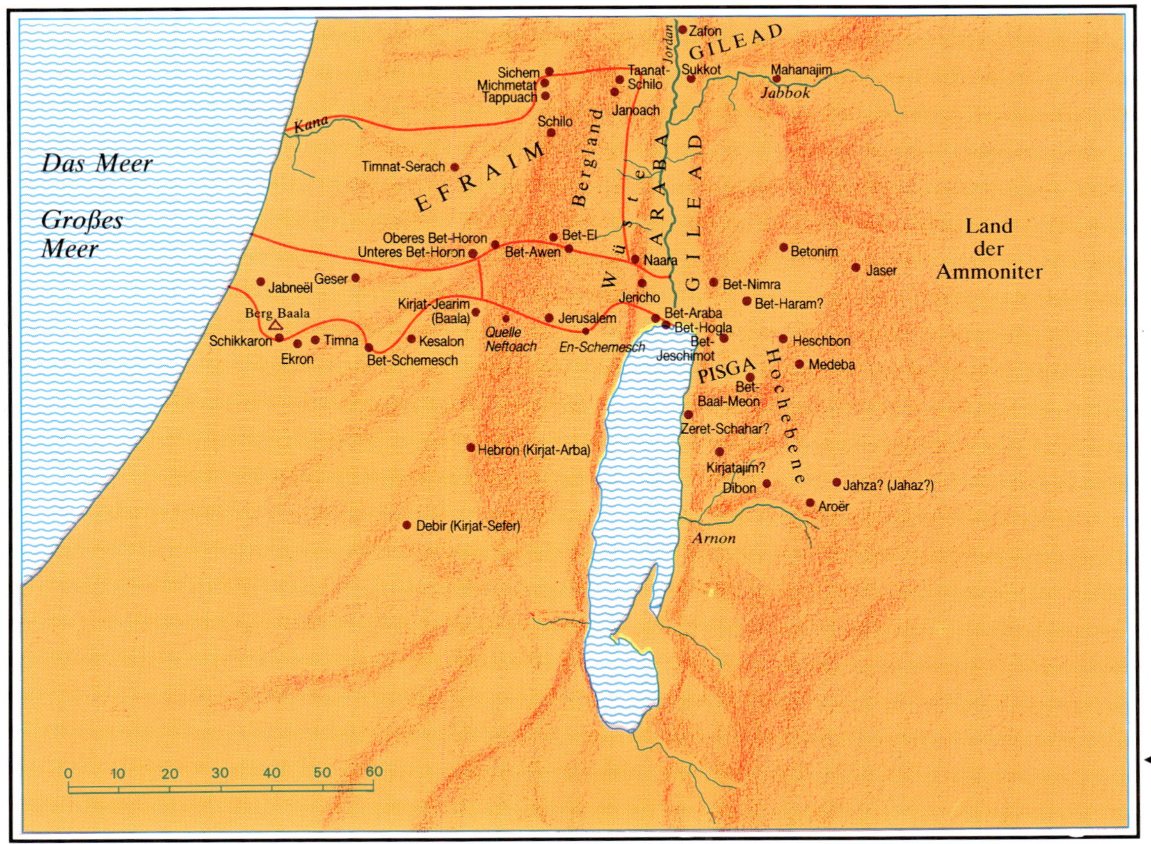

Zafon
Jordan
GILEAD
Sichem
Michmetat
Tappuach
Taanat-Schilo
Sukkot
Mahanajim
Jabbok
Janoach
Kana
Schilo
Das Meer
Großes Meer
Timnat-Serach
EFRAIM
Bergland
Wüste
ARABA
GILEAD
Oberes Bet-Horon
Unteres Bet-Horon
Bet-El
Bet-Awen
Naara
Betonim
Jaser
Land der Ammoniter
Jabneël
Geser
Bet-Nimra
Bet-Haram?
Jericho
Berg Baala
Kirjat-Jearim (Baala)
Jerusalem
Bet-Araba
Bet-Hogla
Schikkaron
Timna
Kesalon
Quelle Neftoach
En-Schemesch
Bet-Jeschimot
Heschbon
Ekron
Bet-Schemesch
PISGA
Hochebene
Medeba
Bet-Baal-Meon
Zeret-Schahar?
Hebron (Kirjat-Arba)
Kirjatajim?
Dibon
Jahza? (Jahaz?)
Aroër
Debir (Kirjat-Sefer)
Arnon
0 10 20 30 40 50 60

36 **Die Verteilung des Landes im Süden**
Jos 13–19
Siehe den Text oben.

37 Die Zeit der Richter
Ri 1–1Sam 7

Die Zeit zwischen der Eroberung des Landes und dem Königtum Sauls heißt in der Bibel die Zeit der Richter. Ri 1–1Sam 7 enthalten Überlieferungen jener Zeit aus verschiedenen Stämmen und Sippen, die erst später zu einer fortlaufenden Geschichte verbunden wurden. Historisch und chronologisch ist es kaum möglich, das Verhältnis dieser Überlieferungen untereinander zu bestimmen und sie genau zu datieren.

Archäologisch gesehen befinden wir uns in der Zeit zwischen etwa 1200 und 1000 v. Chr., der frühen Eisenzeit.

nach Hamat
Sidon
SIDONIER
Libanon
BET-REHOB
Mahaleb = Achlab
ARAM
Hermon
Lajisch = Dan
DAN
Bet-Anat
HAROSCHET-GOJIM?
Achsib
Bet-Schemesch
NAFTALI
Hazor
Akko
Rehob
ASCHER
Aruma
SEBULON
Kischon
Ebene Jesreël
Kedesch
Tabor
TOB
Dor
Ofra
ISSACHAR
Kamon?
Megiddo
Hügel More
Zeltdörfer Jaïrs
Taanach
Quelle Harod
Bet-Schean
Jibleam
Tabbat?
MACHIR
MANASSE
Jabesch
Besek
Abel-Mehola
MACHIR
Schamir? = Samaria
Tebez? = Tirza
MANASSE
Sukkot
Jabbok
Penuël
Sichem
Piraton
Garizim
EFRAIM
Afik = Afek
Ramatajim
LEBONA
Jordan
Zereda = Zaretan
Schilo
Timnat-Heres = Timnat-Serach
Jeschana
Wüste
GILEAD
Jogboha
BENJAMIN
AMMON
Schaalbim
Ajalon
Bet-El = Lus
Mizpa
Rama
Gibea
Geba
Gilgal
Abel-Keramim?
Rabba der Ammoniter
Geser
Palmen-stadt? = Jericho
Heschbon
nach Karkor
Söhne des Ostens
Tal Sorek
Kirjat-Jearim
Eschtaol
Zora
Jerusalem
Aschdod
Timna
Ekron
Gat
Bet-Schemesch
Betlehem
Etam
Aschkelon
RUBEN
Hügelland
Hebron = Kirjat-Arba
Gaza
PHILISTER
JUDA
GAD
Jahza
Aroër
Debir = Kirjat-Sefer
Wüste
Arnon
Südland
MOAB
Beerscheba
Zefat (Horma)
Arad
SIMEON
nach Kadesch Barnea
0 10 20 30 40 50 60
Maale-Akrabbim
AMALEKITER
Palmenstadt? = Tamar
SEÏR
EDOM
Sela?

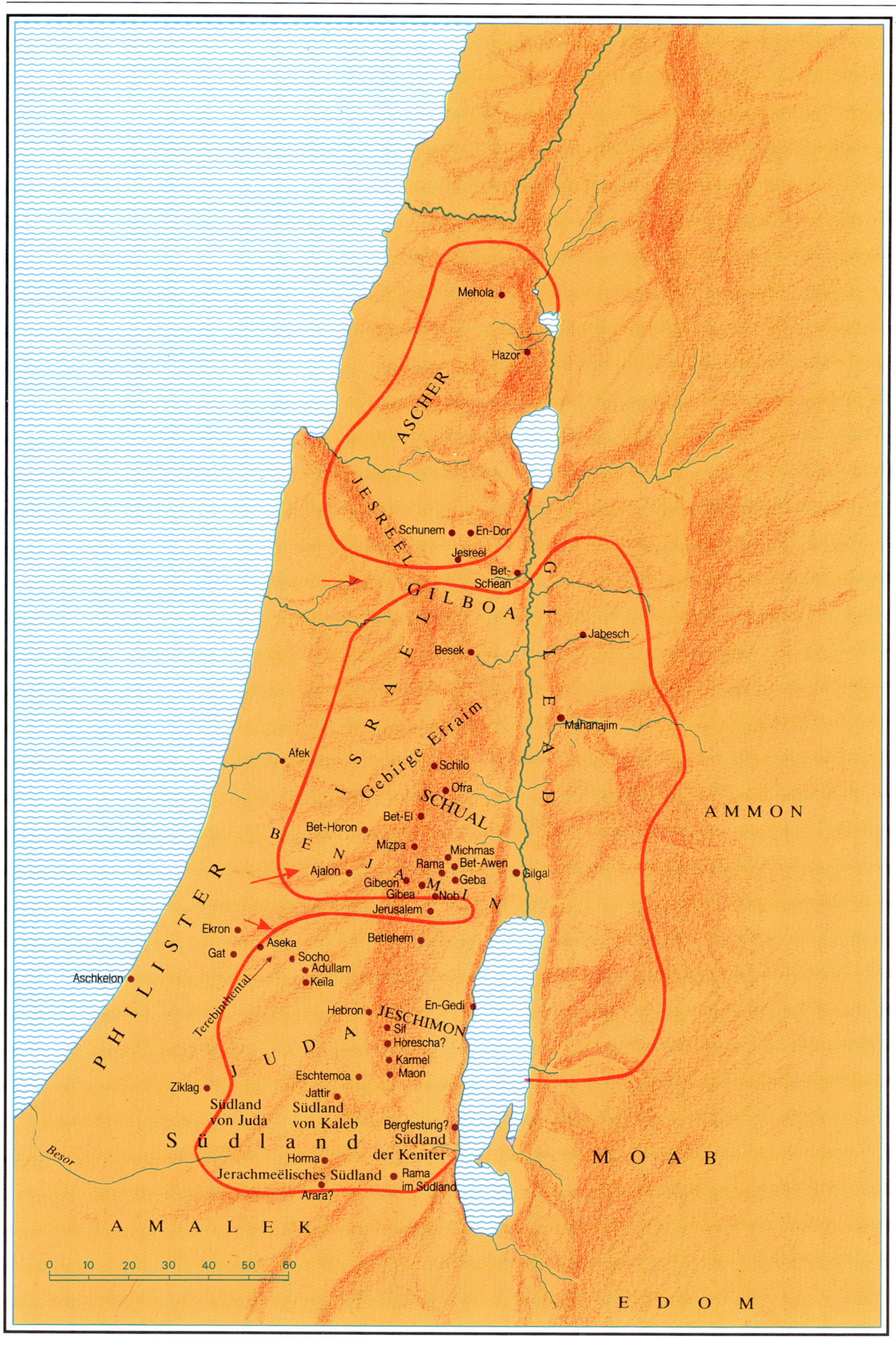
Mehola
Hazor
ASCHER
JESREËL
Schunem
En-Dor
Jesreël
Bet-Schean
GILBOA
GILEAD
Jabesch
Besek
ISRAEL
Gebirge Efraim
Mahanajim
Afek
Schilo
Ofra
SCHUAL
Bet-El
Bet-Horon
Mizpa
Michmas
Rama
Bet-Awen
Gilgal
BENJAMIN
Ajalon
Gibeon
Geba
Gibea
Nob
Jerusalem
AMMON
Ekron
Gat
Aseka
Socho
Adullam
Keïla
Aschkelon
PHILISTER
Terebinthental
Betlehem
Hebron
JESCHIMON
En-Gedi
Sif
Horescha?
Karmel
Maon
JUDA
Eschtemoa
Ziklag
Jattir
Südland von Juda
Südland von Kaleb
Bergfestung?
Südland der Keniter
Südland
Horma
Rama im Südland
Jerachmeëlisches Südland
Arara?
Besor
MOAB
AMALEK
0 10 20 30 40 50 60
EDOM

◄ **38 Saul**

1Sam 9–31; 2Sam 2,8f; 1Chr 9,35–10,14

Als Antwort auf den Druck von außen, besonders von seiten der Philister, gelang es Saul etwa um 1020 v.Chr., die israelitischen Stämme und Sippen zu einem Staat zusammenzuschließen. Nach außen war seine Regierungszeit durch Kriege, nach innen durch die Rivalität zwischen ihm und David gekennzeichnet. Er starb in der Schlacht gegen die Philister auf dem Gebirge Gilboa.

39 David
2Sam 2–1Kön 2; 1Chr 11–29

Nachdem David in Hebron zunächst zum König von Juda und dann auch zum König von Israel gesalbt worden war, eroberte er die Jebusiter-Stadt Jerusalem und machte sie zu seiner Residenz. Danach eroberte er eine Reihe kanaanitischer Städte im Norden – z.B. Megiddo, Taanach, Bet-Schean – und unterwarf in den folgenden Jahren Edom, Moab und Ammon. Wahrscheinlich waren auch die Philister und Aram-Damaskus seine Vasallen.

Sidon
Damaskus
BET-REHOB
Ijon
A R A M
Tyrus
Abel-Bet-Maacha
Dan
MAACHA
Kadesch
GESCHUR
Aschtarot
Tob
Megiddo
Schunem
Taanach
Jesreël
Bet-Schean
Lo-Dabar
Roglim
S C H A R O N
Ramot in Gilead
Jabesch
G I L E A D
I S R A E L
Sichem
Mahanajim
Piraton
Afek
EFRAIM
Jordan
Baal-Hazor
Rabba der Ammoniter
Jaser
A M M O N
Gittajim
Geser
Gibeon
Gibea
Beërot
Anatot
Gilgal
Jordan-ebene
Jericho
Kirjat-Jearim = Baala
Jerusalem
ARABA
Rafaiter-Ebene
Heschbon
Aschdod
Ekron
Gat
Gedera
Adullam
Betlehem
Netofa
Tekoa
G A D
Gedor
Hebron
P H I L I S T E R
Hügelland
J U D A
Gaza
Aroër
Karmel
Wüste
Ziklag
Jattir
Südland von Juda
Bergfestung?
M O A B
Beërscheba
Kir-Moab = Kir-Heres
A M A L E K
Horonajim?
0 10 20 30 40 50 60
Salztal
Der Weg Joabs 2Sam 24,4-8
E D O M

Gebal
PHÖNIZIEN
Libanon
Damaskus
ARAM
Tyrus
Dan
GALILÄA
NAFTALI
KABUL
ASCHER
Hazor
IX
VIII
GESCHUR
BASCHAN
BEALOT
= SEBULON?
ISSACHAR
Dor
Jokmean
Megiddo
X
Zeltdörfer Jaïrs?
ARGOB
Schunem
Taanach
Jesreël
V
Bet-Schean
VI
Arubbot
HEFER
Socho
Ramot in Gilead
Abel-Mehola
III
IV
VII
Sichem
Sukkot
Mahanajim
I
Zaretan
Adam
Jafo
EFRAIM
Rabba der Ammoniter
II
Unteres
Bet-Horon
XI
VII
Schaalbim
AMMON
Geser
Ajalon
Gibeon
BENJAMIN
GAD
Anatot
Bet-Schemesch
Kirjat-Jearim
Jerusalem
Gat
JUDA
Hebron
Gaza
PHILISTÄA
XII
Beërscheba
MOAB
■ = Befestigte Städte
0 10 20 30 40 50 60
Ezjon-Geber
Tamar
EDOM

◀ **40 Salomo** *1Kön 1–12; 2Chr 1–9*
Das Reich Salomos erstreckte sich weit über die Grenzen Israels hinaus. Zu seinen Vasallen gehörten Aram, Ammon, Moab und Edom. Die Karte zeigt die 12 Bezirke, in die Salomo Israel einteilte (1Kön 4), und die Städte, die er befestigen ließ, um eine innere Verteidigungslinie aufzubauen (1Kön 9).

41 Die Reiche Israel und Juda ▶

1Kön 12–15; 2Chr 10–15

Nach dem Tod Salomos zerfiel Israel in zwei Reiche: im Süden Juda mit der Hauptstadt Jerusalem, im Norden Israel, zunächst mit Sichem, dann mit Mahanajim und schließlich Tirza als Hauptstadt. Die Grenze verlief nach längeren Kämpfen so, daß Benjamin zu Juda gehörte.

Kurz nach der Teilung unternahm Pharao Schischak (Schoschenk) einen Raub- und Plünderungszug nach Israel und Juda. Als Antwort darauf befestigte König Rehabeam eine Reihe von Städten in Juda.

PHÖNIZIEN
Damaskus
Ijon
DAN
Dan
Abel-Bet-Maacha = Abel-Majim
ARAM
ASCHER
NAFTALI
Kinneret
SEBULON
Megiddo
Schunem
Taanach
ISSACHAR
Bet-Schean
MANASSE
MANASSE
ISRAEL
Zafon
Tirza
Sukkot
Mahanajim
Sichem
Penuël
Adam
Zereda
Schilo
AMMON
Jeschana
EFRAIM
Bet-El
Rama
GAD
Bet-Horon
Mizpa
Geser
Geba
Gibbeton
Ajalon
Gibeon
BENJAMIN
Gibea
Zora
Jerusalem
Aseka
Betlehem
Socho
Etam
Gat
Adullam
Tekoa
Bet-Zur
Marescha
Lachisch
Hebron
Gaza
PHILISTÄA
Sif
Gerar
JUDA
Scharuhen
MOAB
Beërscheba
Arad
Der Weg Schischaks
Rehabeams Festungsstädte
0 10 20 30 40 50 60
Tamar
EDOM
Ezjon-Geber

Sidon
Sarepta
Tyrus
PHÖNIZIEN
Dan
Abana
Damaskus
ARAM
BASCHAN
Kischon
Karmel
Afek
Ramot in Gilead
Megiddo
Schunem
Jesreël
MANASSE
GILEAD
Jibleam
Bet-Eked-Roim
Bet-Gan
Abel-Mehola
Dotan
ISRAEL
Tirza
Samaria
Jordan
EFRAIM
Gat
Bet-El
GAD
AMMON
Gibbeton
Gilgal
Jerusalem
Jericho
Ekron
PHILISTÄA
Tekoa
Wüste Tekoa
RUBEN
Libna
Hebron
Aroër
En-Gedi
Hazezon-Tamar
Arnon
MOAB
JUDA
Kir-Heres
Beërscheba
Zaïr
Wüste von Edom
EDOM
Gebirge Seïr
0 10 20 30 40 50 60

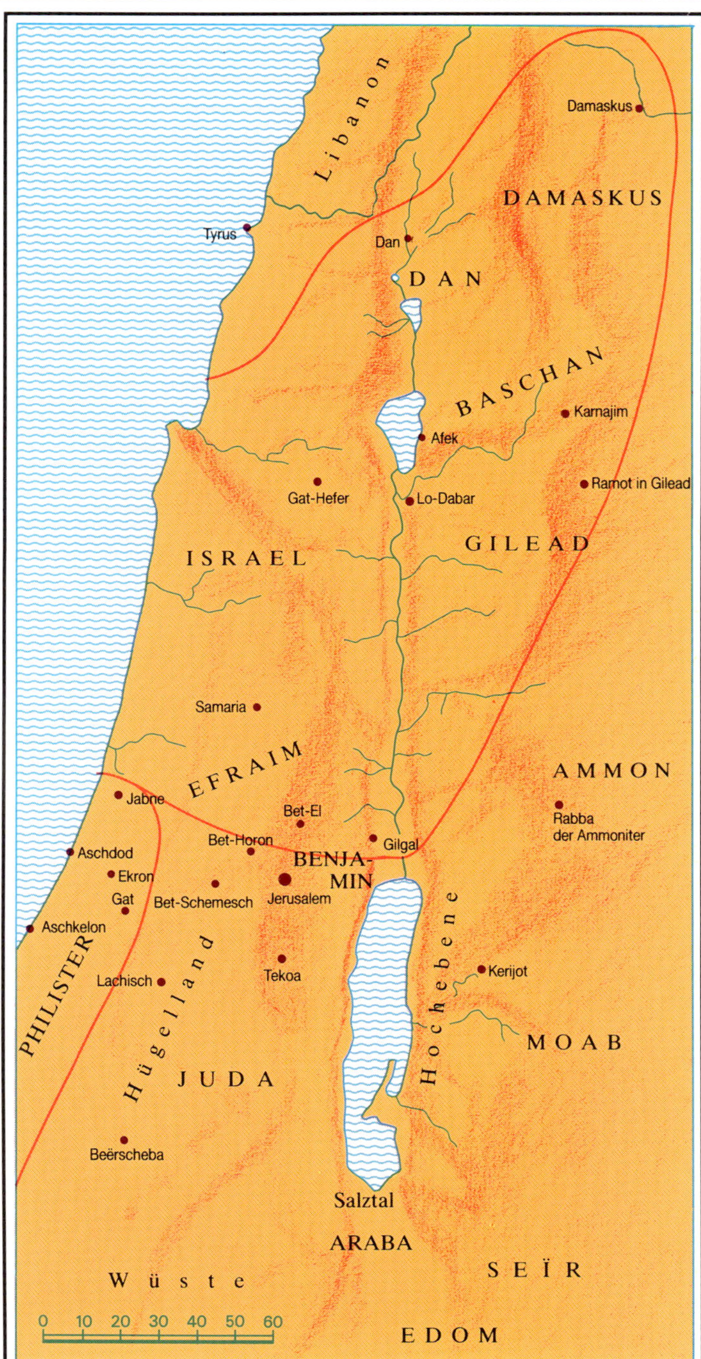
Libanon
Damaskus
DAMASKUS
Tyrus
Dan
DAN
BASCHAN
Karnajim
Afek
Gat-Hefer
Lo-Dabar
Ramot in Gilead
ISRAEL
GILEAD
Samaria
EFRAIM
AMMON
Jabne
Bet-El
Rabba der Ammoniter
Bet-Horon
Gilgal
BENJA-MIN
Aschdod
Ekron
Gat
Bet-Schemesch
Jerusalem
Aschkelon
PHILISTER
Hochebene
Kerijot
Lachisch
Tekoa
Hügelland
MOAB
JUDA
Beërscheba
Salztal
ARABA
SEÏR
Wüste
EDOM
0 10 20 30 40 50 60

42 Die große Zeit im 9. Jahrhundert v. Chr.
1Kön 16,23–2Kön 13; 2Chr 17–24

In der Mitte des 9. Jahrhunderts v. Chr. schufen König Omri von Israel und sein Nachfolger Ahab, unterstützt von König Joschafat von Juda, ein Reich, das dem Reich Davids und Salomos an Größe vergleichbar war. Zur gleichen Zeit versuchte König Mescha von Moab, seine Macht nach Westen auszudehnen. Nach 841 v. Chr. folgte in Israel und Juda ein Niedergang, begleitet von inneren Machtkämpfen.

Im Nordreich Israel wirkten zu dieser Zeit die Propheten Elija und Elischa.

43 Die große Zeit im 8. Jahrhundert v. Chr.
2Kön 13,10–15,7; 2Chr 25–26; Amos

Unter Jerobeam II. von Israel und Asarja/Usija von Juda um 790-750 v. Chr. erlebten die beiden Reiche eine weitere große Zeit. Die Könige führten erfolgreiche Kriege gegen Aram im Norden und gegen Ammon, Moab, Edom und die Philister im Süden. So gewannen sie die Oberherrschaft über weite Gebiete und kontrollierten die großen Karawanenstraßen.

Zu dieser Zeit wirken im Nordreich Israel die Propheten Amos und Hosea.

SUBITE
MANSUATE
PHÖNIZIER
Damaskus 732
Ijon
DAMASKUS
Tyrus 738
Abel-Bet-Maacha
Kedesch
Jiron
Merom
Hazor
KARNAJIM
Janoach
GALILÄA
Jotba
Hannaton
Kana
Ruma
Karnajim
MEGIDDO (MAGIDDU)
Dor
732
Megiddo 732
DOR (DU'RU)
734
HAURAN
GILEAD (GAL'AZA)
Jibleam
Ramot in Gilead
732
Samaria 724-22
SAMARIEN (SAMERINA)
724-722
Afek
(ASDUDU)
713
Gibbeton
Gimso
Ajalon
Bet-El
Aschdod-Jam
Rabba der Ammoniter
Bet-Schemesch
Jerusalem (Belagerung 701)
Aschdod 713
Timna
Ekron
Gat
Aseka
Socho
Gederot?
AMMON
ASCHDOD
PHILISTER
Gaza 734
JUDA
MOAB
Kir-Heres
Rafia
0 10 20 30 40 50 60
EDOM
Bozra

Akko
MEGIDDO
DOR
GILEAD
Samaria
SAMARIEN
Jafo
Bene-Berak
Azor
Bet-Dagon
Sargon 713?
Mizpa
Rama
Gibea
Aja
Michmas
Geba
Anatot
Nob
Elteke 701
Aschdod
Timna
Jerusalem (MMŠT)
AMMON
Ekron
Gat
Socho
Aschkelon
Adullam
Libna
Achsib?
JUDA
Moreschet-Gat?
ASCHDOD 713
Marescha
Lachisch
Bet-Leafra?
Hebron
(Sanheribs Hauptquartier)
Sif
Gerar
Beërscheba
Arad
MOAB
Gebirge Seïr
EDOM
0 10 20 30 40 50 60
■ = Militärische Vorratsstädte

▲ **45 Das Reich Juda unter König Hiskija**
2Kön 18–20; 1Chr 4,35-43; 2Chr 29–32; Jes 10,28-32; 20; 36–39; Mi 1,8-16
Unter Hiskija (716-687 v. Chr.) war Juda ein Vasallenstaat Assyriens. Nach dem Tode Sargons II. (705) schüttelte Hiskija das assyrische Joch ab, wurde aber von Sanherib 701 sofort wieder unterworfen.

◄ **44 Der Untergang des Reiches Israel**
2Kön 15–17; 2Chr 28,16-21; Jes 7–9; 10,28-32; 20
Die assyrischen Eroberungen nach 750 v. Chr. unter Sargon II. hatten den Zusammenbruch Israels und die Aufteilung des Landes in assyrische Provinzen in den Jahren 732 und 722 zur Folge.

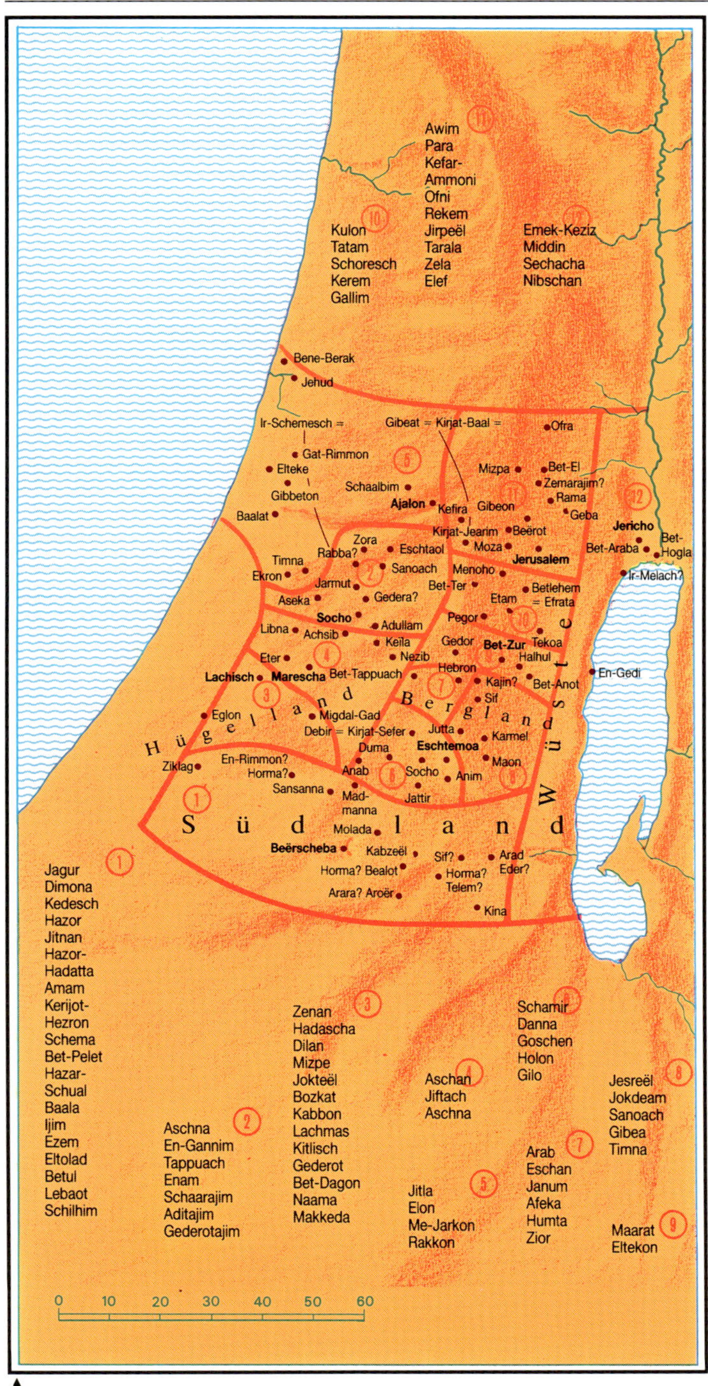

Awim
Para
Kefar-Ammoni
Ofni
Rekem
Jirpeël
Tarala
Zela
Elef
Kulon
Tatam
Schoresch
Kerem
Gallim
Emek-Keziz
Middin
Sechacha
Nibschan
Bene-Berak
Jehud
Ir-Schemesch =
Gibeat = Kirjat-Baal =
Ofra
Gat-Rimmon
Elteke
Gibbeton
Schaalbim
Mizpa
Bet-El
Zemarajim?
Rama
Geba
Ajalon
Kefira
Gibeon
Baalat
Jericho
Bet-Araba
Bet-Hogla
Kirjat-Jearim
Beerot
Zora
Eschtaol
Moza
Jerusalem
Timna
Rabba?
Sanoach
Menoho
Ekron
Jarmut
Bet-Ter
Ir-Melach?
Aseka
Gedera?
Etam
Betlehem = Efrata
Socho
Pegor
Libna
Adullam
Achsib
Keila
Gedor
Bet-Zur
Tekoa
Eter
Nezib
Halhul
Lachisch
Marescha
Bet-Tappuach
Hebron
En-Gedi
Kajin?
Bet-Anot
Sif
Eglon
Migdal-Gad
Debir = Kirjat-Sefer
Jutta
Karmel
Hügelland
Bergland
Wüste
Duma
Eschtemoa
Maon
Ziklag
En-Rimmon?
Horma?
Anab
Socho
Anim
Sansanna
Mad-manna
Jattir
Südland
Molada
Beërscheba
Kabzeël
Sif?
Arad
Horma? Bealot
Horma?
Eder?
Telem?
Arara? Aroër
Kina
Jagur
Dimona
Kedesch
Hazor
Jitnan
Hazor-Hadatta
Amam
Kerijot-Hezron
Schema
Bet-Pelet
Hazar-Schual
Baala
Ijim
Ezem
Eltolad
Betul
Lebaot
Schilhim
Aschna
En-Gannim
Tappuach
Enam
Schaarajim
Aditajim
Gederotajim
Zenan
Hadascha
Dilan
Mizpe
Jokteël
Bozkat
Kabbon
Lachmas
Kitlisch
Gederot
Bet-Dagon
Naama
Makkeda
Aschan
Jiftach
Aschna
Jitla
Elon
Me-Jarkon
Rakkon
Schamir
Danna
Goschen
Holon
Gilo
Arab
Eschan
Janum
Afeka
Humta
Zior
Jesreël
Jokdeam
Sanoach
Gibea
Timna
Maarat
Eltekon
0 10 20 30 40 50 60

▲

46 **Die zwölf Bezirke Judas unter König Joschija**
Jos 15,20-62; 18,21-28; 19,40-46

Die zwölf Listen auf der Karte nennen Städte der zwölf Bezirke Judas. Nach Auffassung der neueren Forschung stammen sie aus der Zeit Joschijas um 620 v. Chr. (vgl. den Text zu Karte 35).

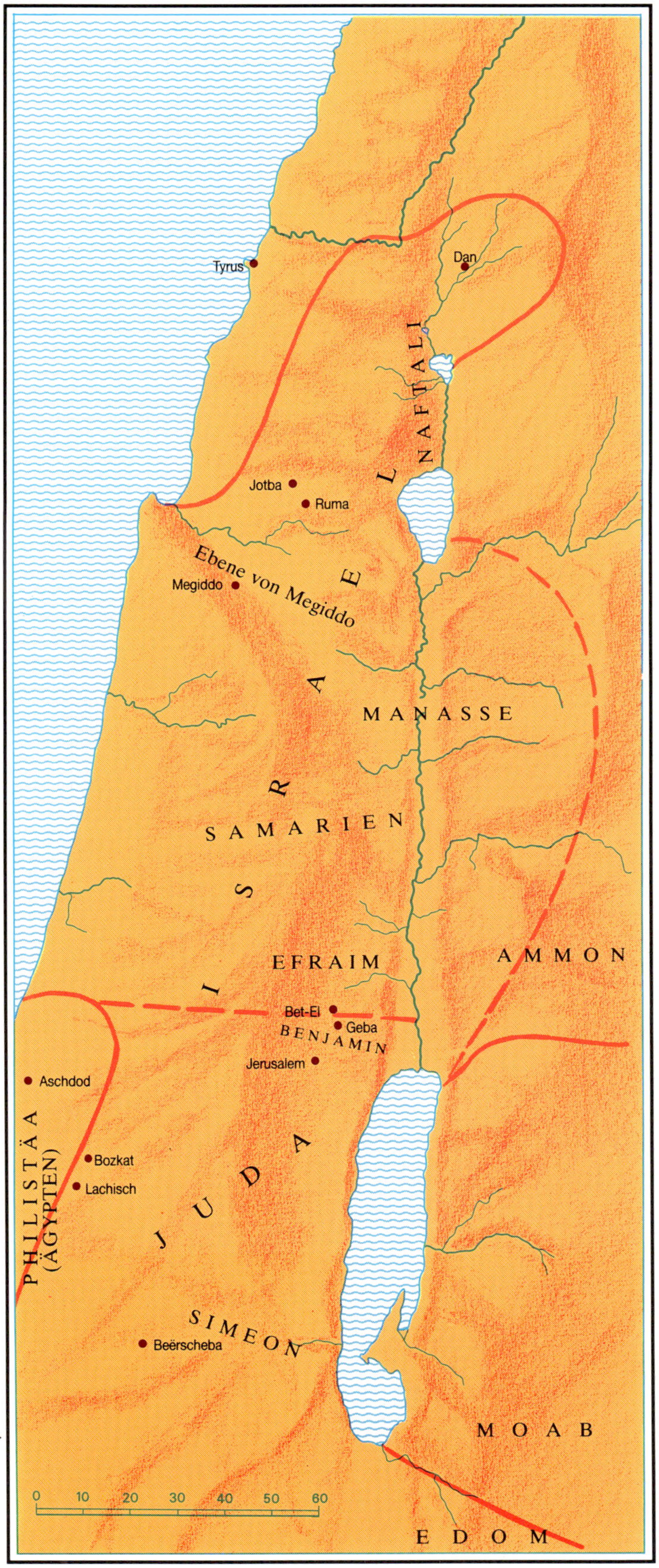

▶

47 **Die große Zeit unter König Joschija**
2Kön 21–23; 2Chr 33–35

Als Assyriens Macht zerfiel, konnte Joschija (639-609 v. Chr.) die Gebiete Israels zurückgewinnen, die 732 und 722 verlorengegangen waren.

Während seiner Regierungszeit begann das Wirken des Propheten Jeremia.

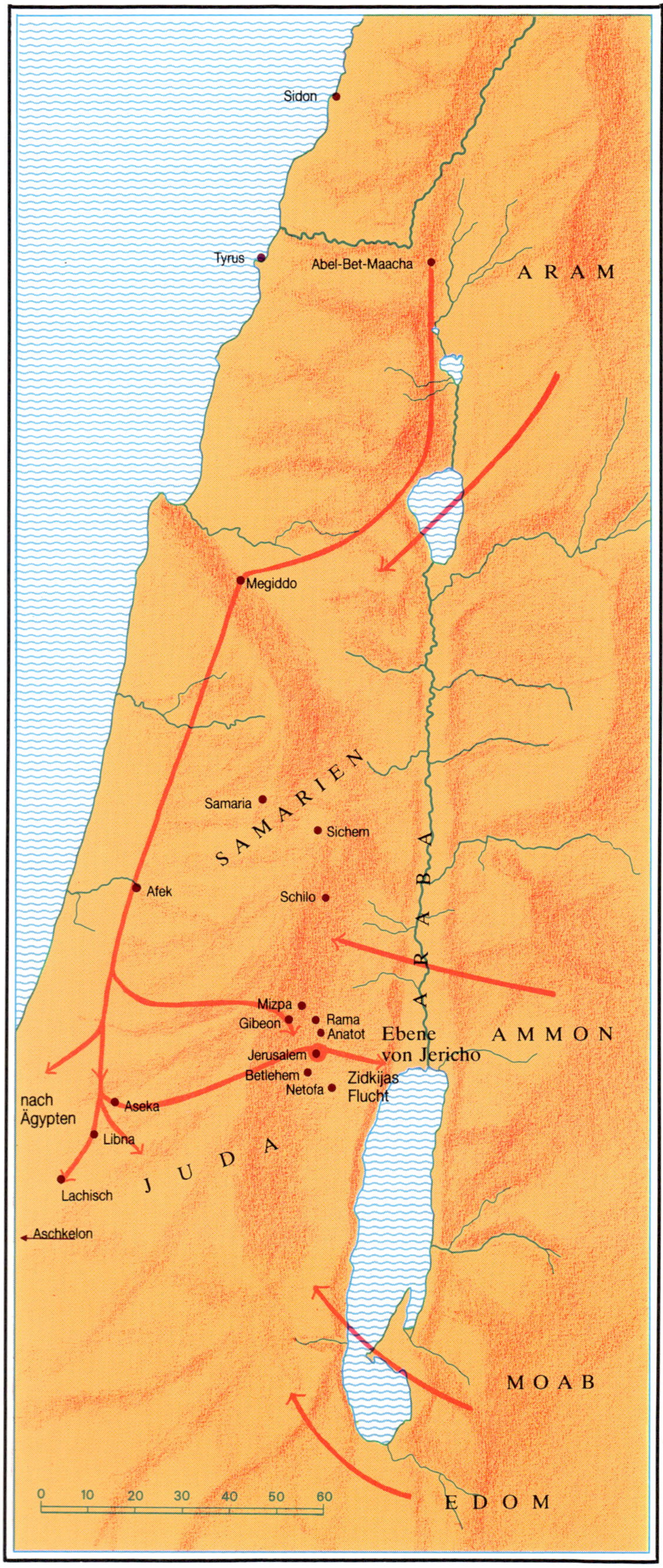

Gosan
Halach
Habor
Assur
ASSYRIEN
Tigris
Eufrat
Städte der Meder?
Ribla
BABYLONIEN
Babylon
Nippur
Kebar?
ISRAEL
Samaria
Mizpa
Jerusalem
JUDA
Tachpanhes
Migdol
Bet-Schemesch
(Heliopolis)
Nof
(Memfis)
ÄGYPTEN
PATROS
No-Amon
(Theben)
Elephantine
Nil
Tel-Abib
Tel-Melach
Tel-Harscha
Kerub-Addon
Immer
Kasifja
0
200
400
600
800

▲

49 Das Exil in Assyrien, Babylonien und Ägypten
2Kön 17,6; 18,11; 24,11-16; 25; Esra 2,59; 8,17; Neh 7,61; Jer 29; 42–46; 52; Ez 1,1-3; 3,15
Das Exil war das Ergebnis der Deportationen von Israel nach Assyrien 722 v. Chr. und von Juda nach Babylonien 597, 587 und 582 v. Chr.

◄ **48 Der Untergang des Reiches Juda**
2Kön 24–25; 2Chr 36; Jer 27,3; 32; 37–39; 52
Als Antwort auf Rebellionen griff der neu-babylonische König Nebukadnezzar dreimal Juda an (598, 587, 582 v. Chr.) und führte danach jeweils Deportationen durch. Im Jahre 587 wurde Jerusalem zerstört und Juda zu einer Provinz gemacht.

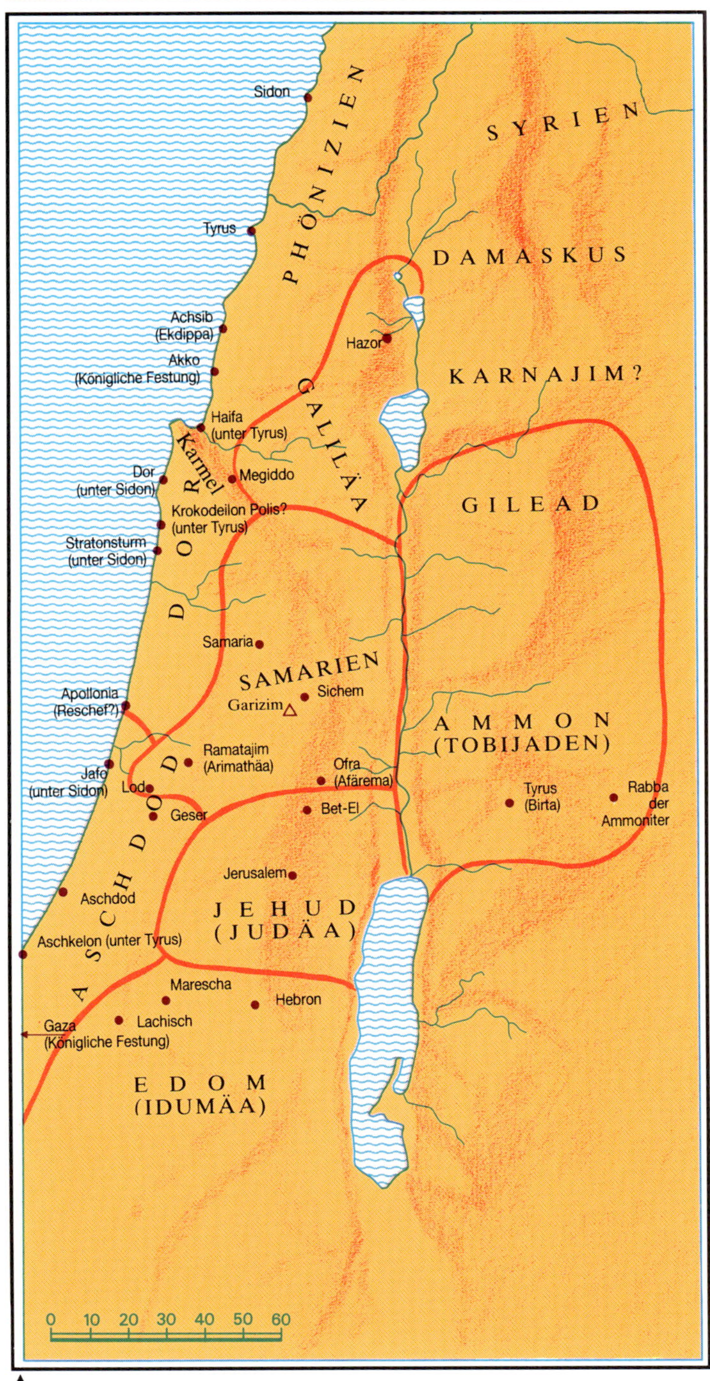
Sidon
SYRIEN
PHÖNIZIEN
Tyrus
DAMASKUS
Achsib (Ekdippa)
Akko (Königliche Festung)
Hazor
KARNAJIM?
GALILÄA
Haifa (unter Tyrus)
Karmel
Dor (unter Sidon)
DOR
Megiddo
GILEAD
Krokodeilon Polis? (unter Tyrus)
Stratonsturm (unter Sidon)
Samaria
SAMARIEN
Sichem
Garizim
Apollonia (Reschef?)
AMMON (TOBIJADEN)
Ramatajim (Arimathäa)
Jafo (unter Sidon)
Lod
Ofra (Afärema)
Geser
Bet-El
Tyrus (Birta)
Rabba der Ammoniter
ASCHDOD
Jerusalem
Aschdod
JEHUD (JUDÄA)
Aschkelon (unter Tyrus)
Marescha
Hebron
Gaza (Königliche Festung)
Lachisch
EDOM (IDUMÄA)

50 **Palästina in nachexilischer Zeit**

SAMARIEN
AMMON
ASCHDOD
Ono
Hadid
Lod
Bet-El
Mizpa
Ai
Senaa
Michmas
Gibeon
Rama
Geba
Kefira
Asmawet
Jericho
Beërot
Anatot
Kirjat-Jearim
Nob
Jerusalem
Bet-Kerem?
Sanoach
Betlehem
Netofa
Tekoa
Keïla
Bet-Zur
EDOM
■ = Bezirkshauptstädte

51 Juda in nachexilischer Zeit

Esra 2,21-35; Neh 3,1-32; 7,6-38

Nachdem König Kyrus (558-529 v. Chr.) im Jahre 539 Babylon kampflos eingenommen hatte, wurde Juda bzw. Jehud persische Provinz, Teil der 5. Satrapie Abar-Nahara (vgl. Karte 20).

Neh 11,25-35 bietet eine Liste von Städten, die von Juden bewohnt wurden. Doch muß die Liste aus einer anderen Zeit stammen; möglicherweise geht es um Orte, deren Einwohner der Deportation von 587 v. Chr. entgangen waren.

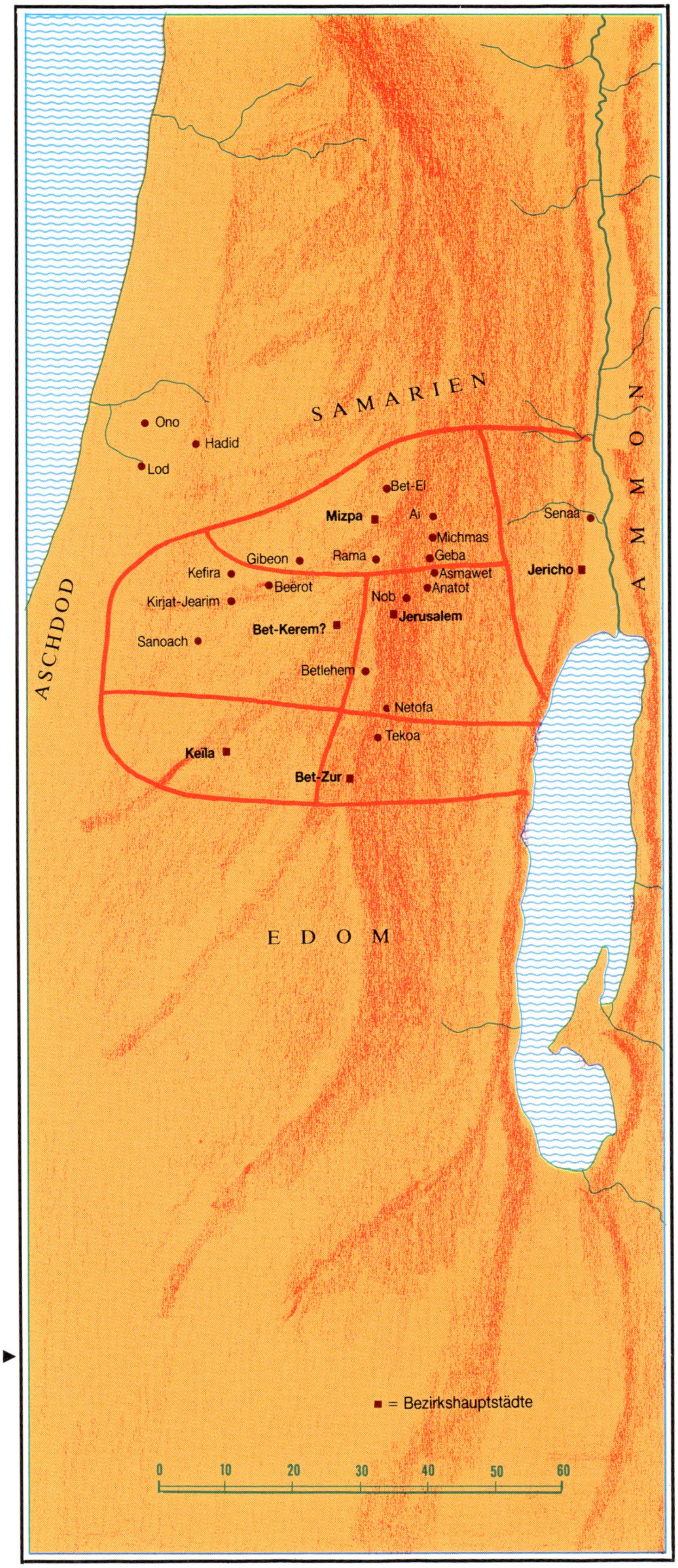

52 Palästina in hellenistischer Zeit

Nach dem Tode Alexanders des Großen 323 v. Chr. gewannen die Ptolemäerkönige in Ägypten die Herrschaft über Palästina (vgl. Karte 22). Sie behielten die persische Provinzeinteilung bei, gliederten die einzelne Provinz aber in kleinere Einheiten. Gleichzeitig machten sie eine Reihe von Städten zu griechischen Städten mit bestimmten Privilegien.

Nach einer Reihe von Kriegen, den sogenannten Syrischen Kriegen, die fast hundert Jahre dauerten, siegte König Antiochus III. von Syrien (223-187 v. Chr.) in der entscheidenden Schlacht von Paneas (198 v. Chr.). Danach kamen Phönizien und Palästina unter dem Namen Zölesyrien (Talsyrien) endgültig unter syrische Herrschaft.

SYRIEN
Damaskus
Sidon
PHÖNIZIEN
Tyrus
Antiochia (Dan)
Paneas
GAULANITIS
BATANÄA
TRACHONITIS
Ptolemaïs (Akko)
GALILÄA
PARALIA
Antiochia (Hippos)
Dion?
AURANITIS
Dora
Antiochia Seleuzia (Gadara)
Seleuzia (Abila)
Stratonsturm
Skythopolis (Bet-Schean)
Berenike (Pella)
SAMARIEN
Samaria
Sichem
Antiochia am Chrysorhoas (Gerasa)
Pegä (Afek)
Joppe
PERÄA
AMMONITIS
Tyrus (Birta)
Philadelphia (Ammon)
TOBIJADEN
Jamnia
Geser
JUDÄA
Azotos-Paralios
Azotos (Aschdod)
Jerusalem
Askalon
MOABITIS
Marisa
Gaza
Adorajim
PARALIA
IDUMÄA
GABALITIS
0 10 20 30 40 50 60

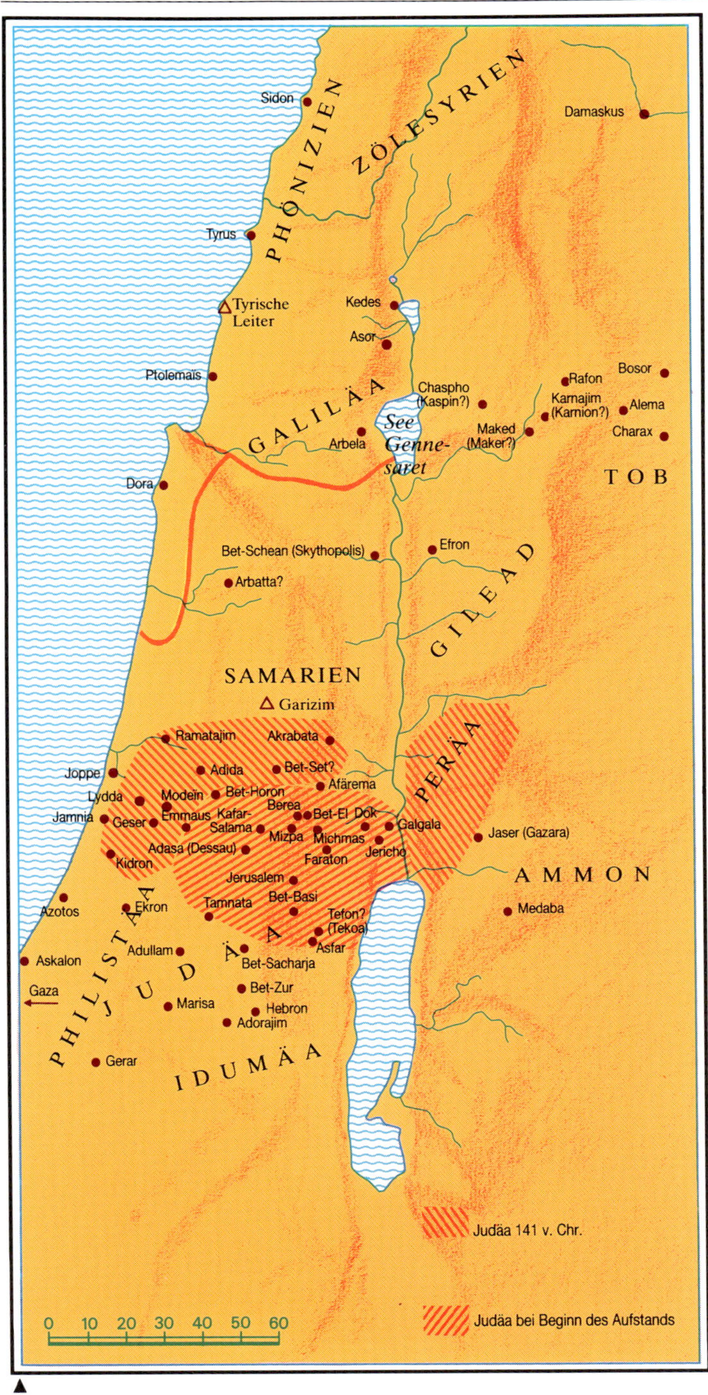
Sidon
Damaskus
PHÖNIZIEN
ZÖLESYRIEN
Tyrus
Tyrische Leiter
Kedes
Asor
Ptolemaïs
Chaspho (Kaspin?)
Rafon
Bosor
Karnajim (Karnion?)
Alema
Maked (Maker?)
Charax
GALILÄA
Arbela
See Genne-saret
Dora
TOB
Bet-Schean (Skythopolis)
Efron
Arbatta?
GILEAD
SAMARIEN
Garizim
Ramatajim
Akrabata
Adida
Bet-Set?
Joppe
Afärema
Lydda
Modeïn
Bet-Horon
Berea
Jamnia
Geser
Emmaus
Kafar-Salama
Bet-El
Dok
Galgala
PERÄA
Adasa (Dessau)
Mizpa
Michmas
Jaser (Gazara)
Kidron
Faraton
Jericho
Jerusalem
AMMON
Azotos
Ekron
Tamnata
Bet-Basi
Tefon? (Tekoa)
Medaba
Adullam
Asfar
Askalon
Bet-Sacharja
Gaza
PHILISTÄA
JUDÄA
Bet-Zur
Marisa
Hebron
Adorajim
Gerar
IDUMÄA
Judäa 141 v. Chr.
0 10 20 30 40 50 60
Judäa bei Beginn des Aufstands

53 Die Makkabäer
1–2Makk
Im Jahre 166 v. Chr. erhoben sich die Juden unter der Führung des Priesters Mattatias von Modeïn und seiner Söhne – vor allem des Judas Makkabäus – gegen Antiochus IV. Epiphanes (175-164 v. Chr.). In Kriegen, die sich über 20 Jahre hinzogen, erkämpften sie die Unabhängigkeit von Syrien.

PHÖNIZIEN
ITURÄER
Tyrus
Antiochia
GALILÄA
GAULA-NITIS
Ptolemaïs
Gamala
Karmel
Hippos
Dion?
Gaba
Dora
Abila
Gadara
Stratonsturm
Skythopolis
Pella
SAMARITER
Samaria
Amatus
Gerasa
Apollonia
Sichem
Pegä
Alexandreion
Joppe
Haramata (Ramatajim)
Afärema (Ofra)
PERÄA
Jamnia am Meer
Lydda (Lod)
Tyrus (Birta)
Philadelphia
Geser
Jericho
JUDÄA
Jerusalem
Qumran
Samaga
Ekron 147
Hyrkaneion
Medaba
Azotos
Askalon
Machärus
Gaza
Marisa
Bet-Zur
En-Gedi
IDUMÄA
Masada
MOA-BITIS
Beërscheba
Rhinokorura
Zoar
NABATÄER
0 10 20 30 40 50 60
Judäa 167 v. Chr.
Jonatan 161-142 v. Chr.
Simeon 142-135/34 v. Chr.
Johannes Hyrkan 135/34-104 v. Chr.
Aristobul 104-103 v. Chr.
Alexander Jannäus 103-76 v. Chr.

54 Alexander Jannäus
Während Syrien aufgrund von Thronkämpfen geschwächt war und schließlich von Rom unterworfen wurde, gelang es den Juden, ihr Gebiet auf Kosten der Nachbarvölker auszuweiten. Unter Alexander Jannäus (103-76 v. Chr.) hatte das Land eine Ausdehnung, die mit der Israels zur Zeit der Könige vergleichbar ist.

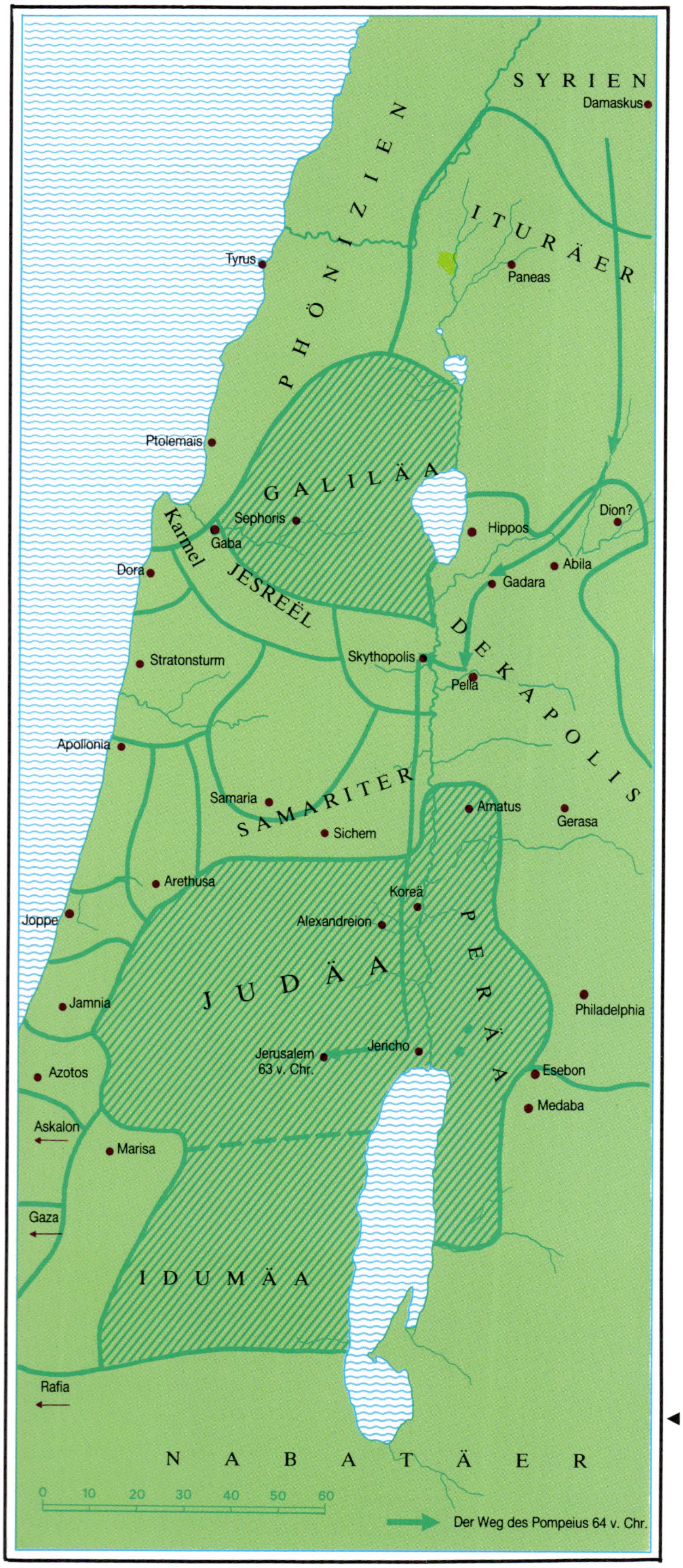

SYRIEN
Damaskus
PHÖNIZIEN
ITURÄER
Tyrus
Paneas
Ptolemais
GALILÄA
Sephoris
Karmel
Gaba
Dora
JESREËL
Hippos
Dion?
Abila
Gadara
DEKAPOLIS
Skythopolis
Pella
Stratonsturm
Apollonia
Samaria
SAMARITER
Sichem
Amatus
Gerasa
Arethusa
Koreä
Alexandreion
Joppe
JUDÄA
PERÄA
Jamnia
Philadelphia
Jerusalem
63 v. Chr.
Jericho
Esebon
Azotos
Medaba
Askalon
Marisa
Gaza
IDUMÄA
Rafia
NABATÄER
0 10 20 30 40 50 60
Der Weg des Pompeius 64 v. Chr.

Damaskus
TRA-
CHONITIS
GAU-
LANITIS
GALILÄA
BATA-
NÄA
AURA-
NITIS
Hippos
Dion?
Kanata
Gadara
Abila
Rafana = Kapitolias
DEKAPOLIS
Skythopolis
(Bet-Schean)
Pella
Gerasa
SAMARIEN
PERÄA
Philadelphia
(Ammon)
JUDÄA
0 10 20 30 40 50 60

▲ **56 Die Dekapolis**
Im Zuge der politischen Neuordnung Palästinas durch Pompeius wurden zehn griechische Städte zu einem Bund zusammengeschlossen, der Dekapolis. Dem Bund gehörte zeitweilig auch Damaskus an.

◀ **55 Die Neuordnung Palästinas durch Pompeius**
Pompeius griff 64 v. Chr. in den Machtkampf zwischen den Brüdern Hyrkan II. und Aristobul II. ein. Er besetzte Palästina und stellte die Freiheit der griechischen Städte wieder her. Hyrkan wurde von ihm bestätigt und blieb – nicht als König, sondern nur noch als Hoherpriester – für Judäa, Galiläa, Peräa und Ost-Idumäa zuständig. Doch die eigentliche Macht lag in den Händen des Idumäers Antipater.

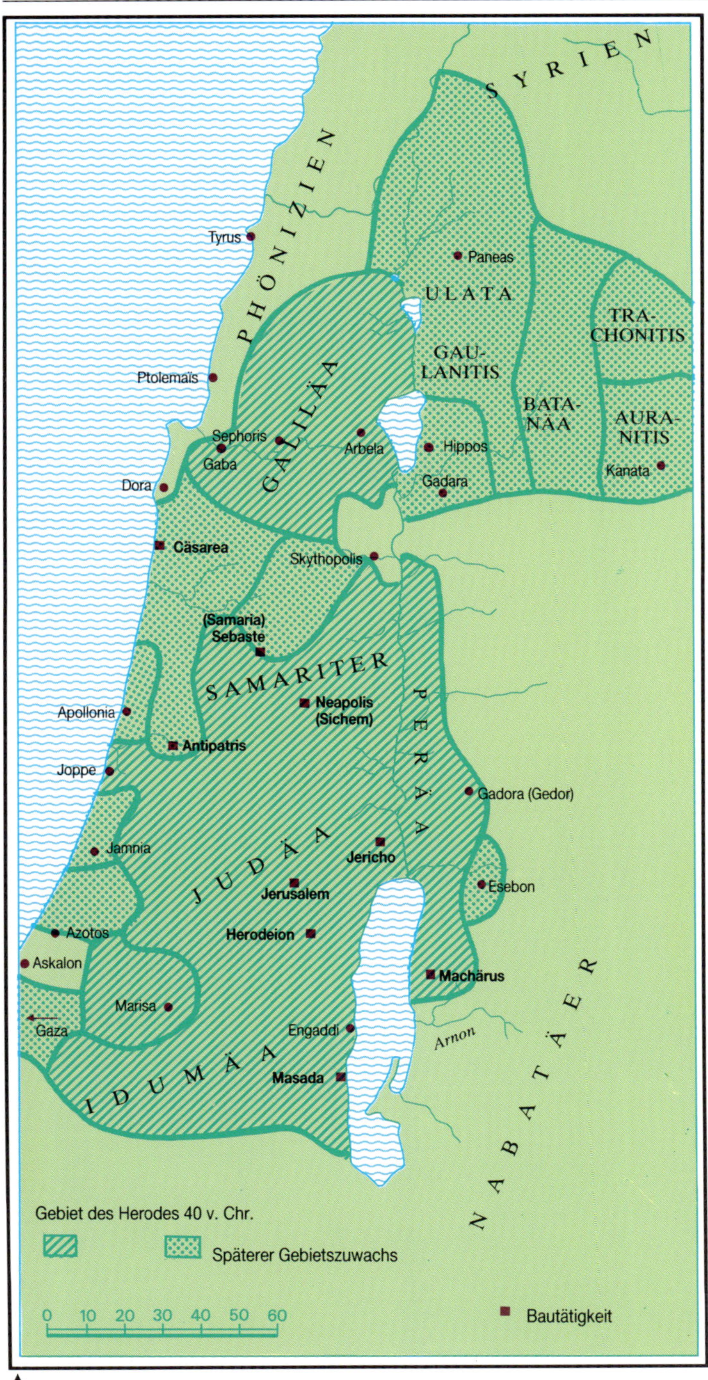
SYRIEN
PHÖNIZIEN
Tyrus
Paneas
ULATA
TRA-
CHONITIS
GAU-
LANITIS
Ptolemaïs
BATA-
NÄA
AURA-
NITIS
Sephoris
Gaba
Arbela
Hippos
GALILÄA
Dora
Gadara
Kanata
Cäsarea
Skythopolis
(Samaria)
Sebaste
SAMARITER
Apollonia
Neapolis
(Sichem)
PERÄA
Antipatris
Joppe
Gadora (Gedor)
Jamnia
JUDÄA
Jericho
Jerusalem
Esebon
Azotos
Herodeion
Askalon
Machärus
Marisa
Gaza
Engaddi
Arnon
IDUMÄA
Masada
NABATÄER
Gebiet des Herodes 40 v. Chr.
Späterer Gebietszuwachs
0 10 20 30 40 50 60
Bautätigkeit

57 Herodes
Nach der Ermordung Cäsars 44 v. Chr. wurde auch Palästina vom Bürgerkrieg erschüttert. Herodes, der Sohn Antipaters, wurde im Jahre 40 v. Chr. König der Juden, doch erst 37 v. Chr. brachte er Jerusalem in seine Gewalt. Später dehnte er seine Macht aus, und das Land erreichte seine größte Ausdehnung seit Salomo. Auch als Bauherrn kann man ihn mit Salomo vergleichen.

SYRIEN
Damaskus
PHÖNIZIEN
Tyrus
Cäsarea Philippi
ULATA
TRA-
CHONITIS
GAU-
LANITIS
Ptolemaïs
Julias
BATA-
NÄA
AURA-
NITIS
Sephoris
Gaba
Tiberias
Hippos
GALILÄA
Dora
Gadara
Cäsarea
Skythopolis
Pella
Sebaste
SAMARIEN
Gerasa
Neapolis
PERÄA
Joppe
Phasaëlis
Gadora
(Gedor)
Archelais
Philadelphia
Jamnia
JUDÄA
Livias
Esebon
Jerusalem
Azotos
Askalon
Gaza
IDUMÄA
NABATÄER
Unter Syrien
Salome
Herodes Antipas
Philippus
Archelaus
0 10 20 30 40 50 60

58 Die Erben des Herodes
Als Herodes im Jahre 4 v. Chr. starb, teilte Augustus das Königreich unter die drei noch vorhandenen Söhne auf: Archelaus wurde Ethnarch über Judäa, Idumäa und Samarien, Herodes Antipas Tetrarch über Galiläa und Peräa und Philippus Tetrarch über Auranitis, Batanäa, Gaulanitis, Trachonitis und Ulata. Salome, die Schwester des Herodes, besaß Jamnia und Azotos an der Küste sowie Phasaëlis im Jordantal. – Archelaus wurde 6 n. Chr. ins Exil geschickt und sein Gebiet einem römischen Prokurator unterstellt.

Sidon
Sarepta
Tyrus
P H Ö N I Z I E N
ABILENE
H e r m o n
Cäsarea Philippi
GAULA-
NITIS
G A L I L Ä A
Ptolemais
Araba
Chorazin
Kafarnaum
Julias
Betsaida
BATA-
NÄA
Kana
Tarichea
(Magdala)
Tiberias
Gamala
Dion?
Sephoris
Hippos
Karmel
Gaba
Nazaret
Tabor
Abila
Dora
Gadara
Kapitolias
(Rafana)
Naïn
JESREËL
SCHARON
Cäsarea
Skythopolis
DEKAPOLIS
Pella
Apollonia
Sebaste
SAMARIEN
Amatus
Gerasa
Neapolis
Sychar
Garizim
Jordan
Antipatris
Arimathäa
Akraba
Phasaëlis
Joppe
Thamma
PERÄA
Gofna
Archelaïs
Gadora (Gedor)
Lydda
Philadelphia
Jamnia
J U D Ä A
Geser
Emmaus
Jericho
Jerusalem
Betanien
Abila
Livias
(Julias)
Esebon
Azotos
Qumran
Betlehem
Betletefa
Herodeion
Askalon
Betogabri
Marisa
Machärus
Gaza
Hebron
Engaddi
I D U M Ä A
N A B A T Ä E R
Beërscheba
Masada
N A B A T Ä E R
A R A B I E N
■ = Bezirkshauptstädte
0 10 20 30 40 50 60

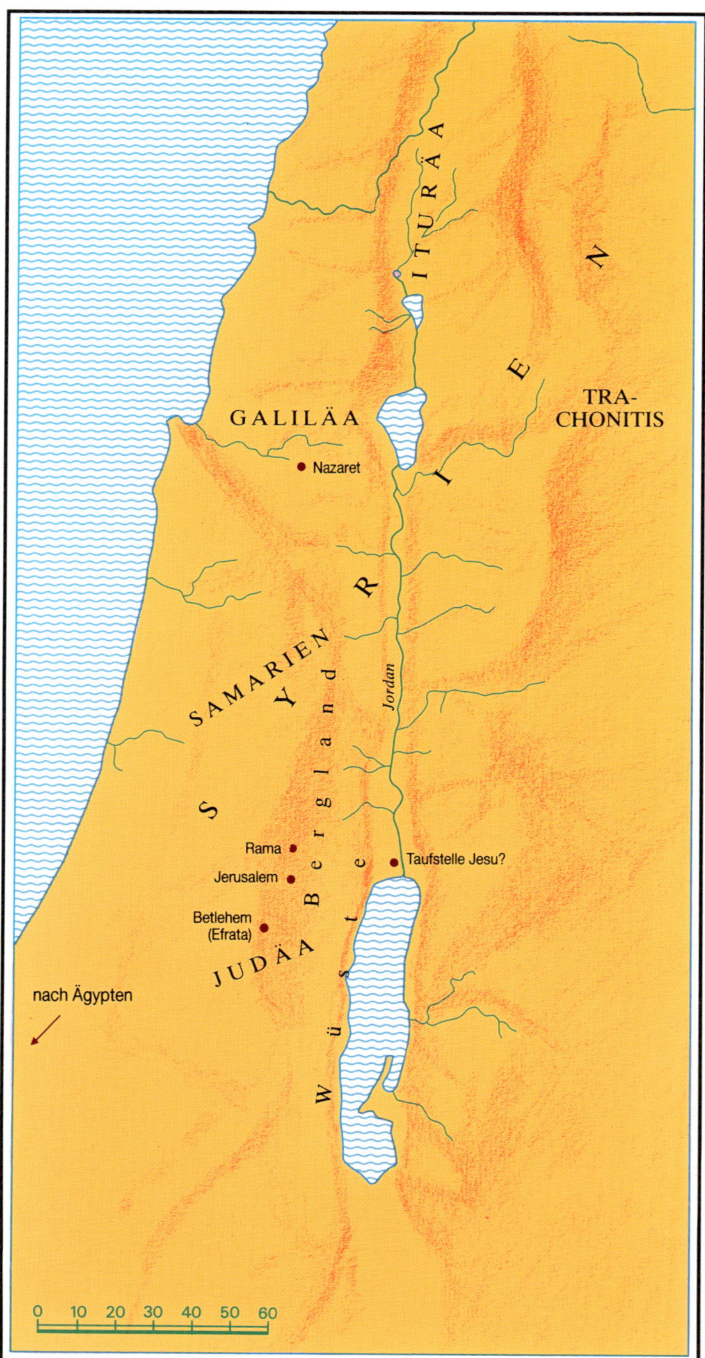

I T U R Ä A
S Y R I E N
GALILÄA
TRA-
CHONITIS
Nazaret
SAMARIEN
Bergland
Jordan
Rama
Jerusalem
Taufstelle Jesu?
Betlehem
(Efrata)
JUDÄA
Wüste
nach Ägypten
0 10 20 30 40 50 60

▲ **60 Geburt, Kindheit und Taufe Jesu**
Mt 1,1–4,11; Mk 1,1-13; Lk 1,1–4,13
In den ersten Kapiteln des Matthäus-, Markus- und Lukas-Evangeliums werden die Geschichten von Geburt, Kindheit und Taufe Jesu erzählt.

◄ **59 Palästina zur Zeit Jesu**
Idumäa, Judäa und Samarien wurden von einem römischen Prokurator verwaltet, während Herodes Antipas Tetrach über Galiläa und Peräa war und Philippus Tetrarch über die Länder nordöstlich des Galiläischen Meeres.

Sidon
Sarepta
Tyrus
S Y R I E N
Hermon
Cäsarea Philippi
(Paneas)
NAFTALI
G A L I L Ä A
Chorazin
Kafarnaum
Betsaida? (Julias)
Betsaida?
Gennesaret
Ebene
Magdala
See
von Galiläa
SEBULON
Tiberias
Nazaret
Tabor
Nain
Gadara
D E K A P O L I S
SAMARIEN
Jordan
Gerasa
Jenseits des Jordans
Jericho
Betfage
Jerusalem
Betanien
J U D Ä A
W ü s t e
Machärus
I D U M Ä A
0 10 20 30 40 50 60

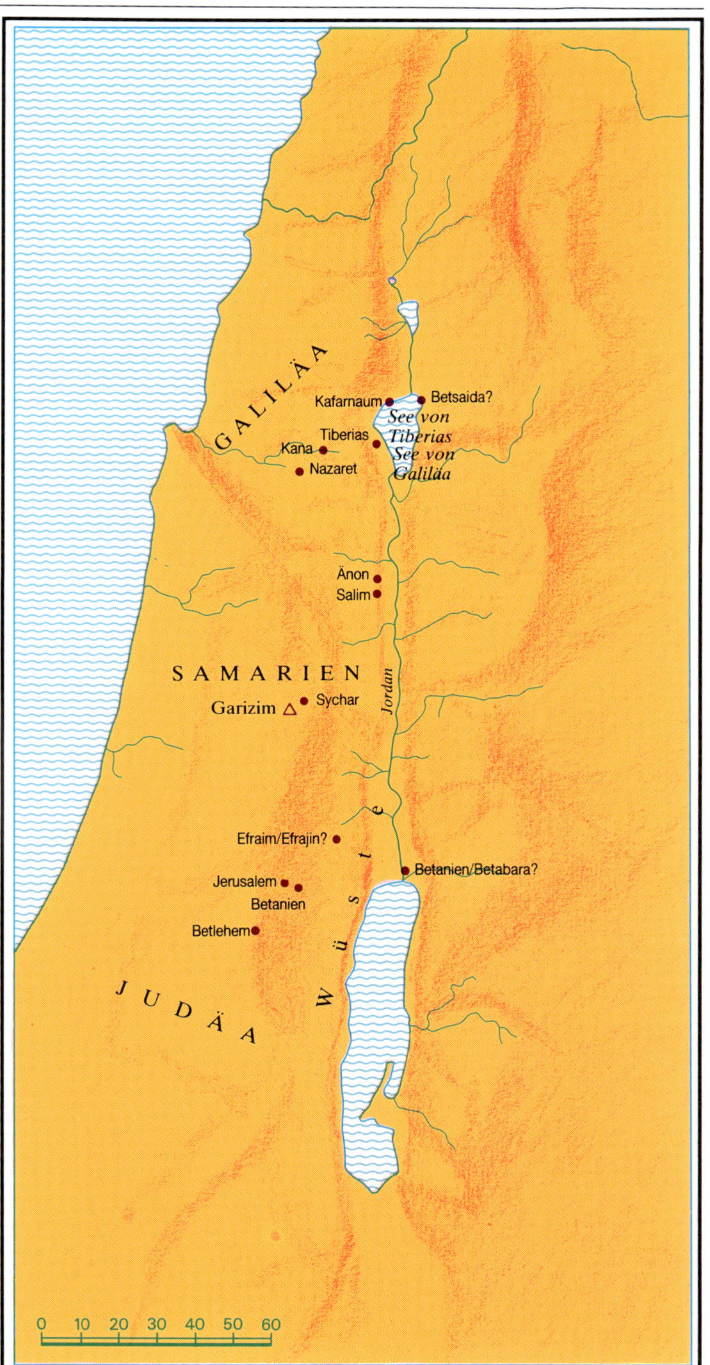
G A L I L Ä A
Kafarnaum
Betsaida?
See von
Tiberias
See von
Galiläa
Tiberias
Kana
Nazaret
Änon
Salim
S A M A R I E N
Garizim
Sychar
Jordan
Efraim/Efrajin?
Betanien/Betabara?
Jerusalem
Betanien
Betlehem
J U D Ä A
W ü s t e
0 10 20 30 40 50 60

61 Jesu Wirken in Galiläa und sein Weg nach Jerusalem
Mt 4,12–21,1; Mk 1,14–11,1; Lk 4,14–19,29
Jesus wirkte vor allem in Galiläa, wo er auch aufgewachsen war. Hauptschauplatz seines Auftretens war die Gegend rings um das Galiläische Meer, Hauptaufenthaltsort die Stadt Kafarnaum (Kapernaum). Auf seinem Weg nach Jerusalem zog er möglicherweise durchs Ostjordanland, um das Gebiet Samariens zu meiden.

62 Jesu Auftreten nach dem Johannes-Evangelium
Joh
Die Darstellung des vierten Evangeliums unterscheidet sich von der in den ersten drei. Z.B. besucht Jesus Jerusalem mehr als einmal; auch begegnen andere Ortsnamen. Wahrscheinlich haben wir es mit eigenständigen historischen Traditionen zu tun, die andere Ereignisse hervorheben als die drei ersten Evangelien.

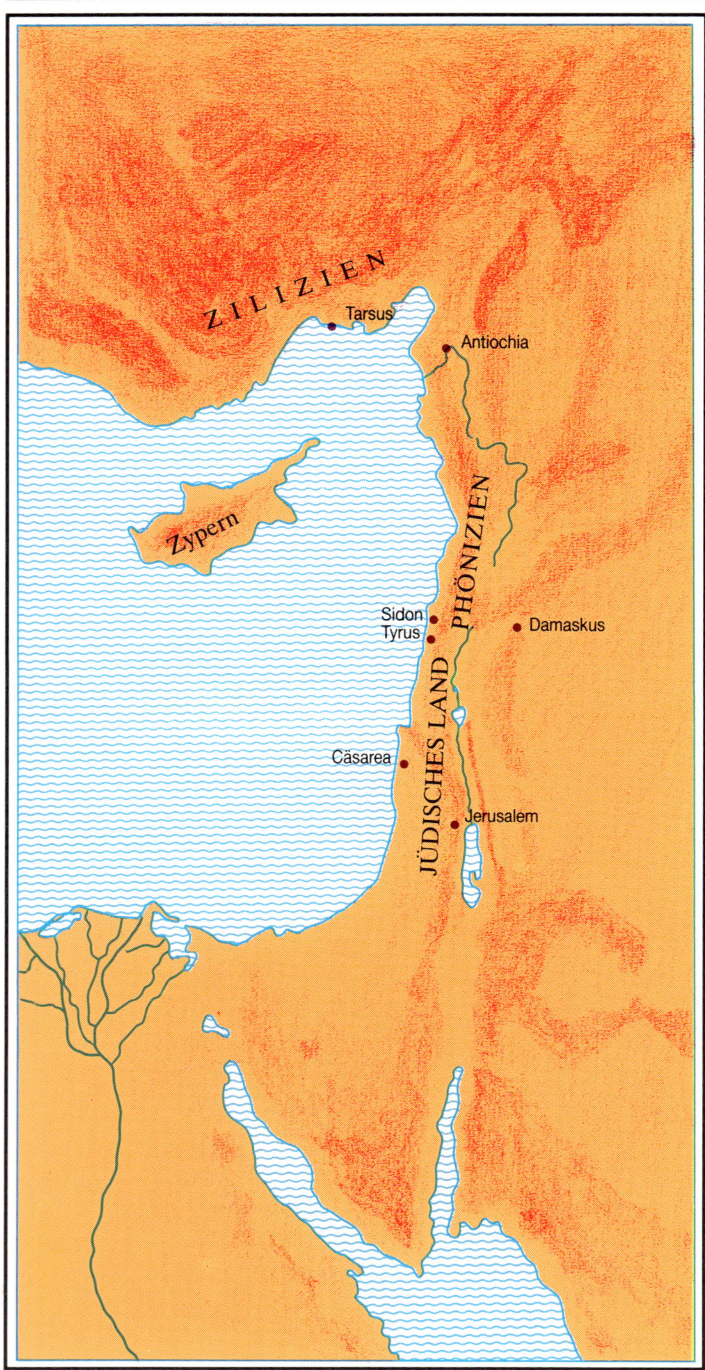
ZILIZIEN
Tarsus
Antiochia
Zypern
PHÖNIZIEN
Sidon
Tyrus
Damaskus
Cäsarea
JÜDISCHES LAND
Jerusalem

63/64 Die erste christliche Mission
Apg 2–12

Die christliche Mission begann mit dem Pfingsttag, als Juden aus fast allen Gegenden des Römischen Weltreichs getauft wurden (vgl. Karte 23 und 24). Bald wurde die Botschaft über Jerusalem hinaus in Judäa und Samarien verkündet, ebenso in den Städten der Küstenebene und am Meer, aber auch in Damaskus und Antiochia. Mit der Bekehrung des Paulus kündigte sich schließlich eine letzte Entgrenzung der Mission an.

Kurz vor Ausbruch des Jüdischen Krieges 66-70 n. Chr. verließ die Urgemeinde Jerusalem und siedelte sich in Pella im Ostjordanland an.

Sidon
Damaskus
Tyrus
GALILÄA
Nazaret
Cäsarea
Pella
SAMARIEN
Samaria
Joppe
Lydda
JUDÄA
Jerusalem
Azotos
Gaza
0 10 20 30 40 50 60

ZILIZIEN
Tarsus
Antiochia
SYRIEN
Damaskus
Cäsarea
Jerusalem
ARABIEN
0 200 400

PISIDIEN
LYKAONIEN
Antiochia
Ikonion
Lystra
Derbe
PAMPHYLIEN
Attalia
Perge
Antiochia
Seleuzia
Zypern
Salamis
Paphos
Jerusalem
0 200 400
1. REISE

65-68 Die Bekehrung des Paulus und seine drei Missionsreisen

Apg 9; 11,30; 12,25; 13–14; 15,35–18,22; 18,23–21,17; Gal 1–2

Auf dem Weg nach Damaskus, wo er gegen die Christen vorgehen wollte, wurde Paulus bekehrt und darauf in Damaskus getauft. Danach hielt er sich eine Zeitlang in Arabien auf. Nach einem weiteren Aufenthalt in Damaskus besuchte er Jerusalem und wirkte danach in Zilizien und in der Gemeinde von Antiochia in Syrien. Von ihr wurde er zu einer ersten Missionsreise ausgesandt. Nach einem erneuten Besuch in Jerusalem unternahm er eine zweite und eine dritte Missionsreise, die ihn bis nach Mazedonien und Griechenland führten.

Adria
ITALIEN
Rom
Tres-Tabernae
Forum Appii
Puteoli
Rhegion
Syrakus
Malta
Kauda
Phönix
Salmone
Kreta
Lasäa
Kaloi Limenes
Syrte
MAZEDONIEN
Thessa-lonich
Adramyttion
ASIEN
LY-ZIEN
Knidos
Myra
PAM-PHYLIEN
ZILIZIEN
Zypern
Sidon
Damaskus
Cäsarea
Antipatris
Jerusalem
Alexandria
JUDÄA

69 Die Reise des Paulus nach Rom

Apg 21,27–28,31

Während seines dritten und letzten Besuchs in Jerusalem wurde Paulus gefangengenommen und nach Cäsarea und von dort nach Rom gebracht.

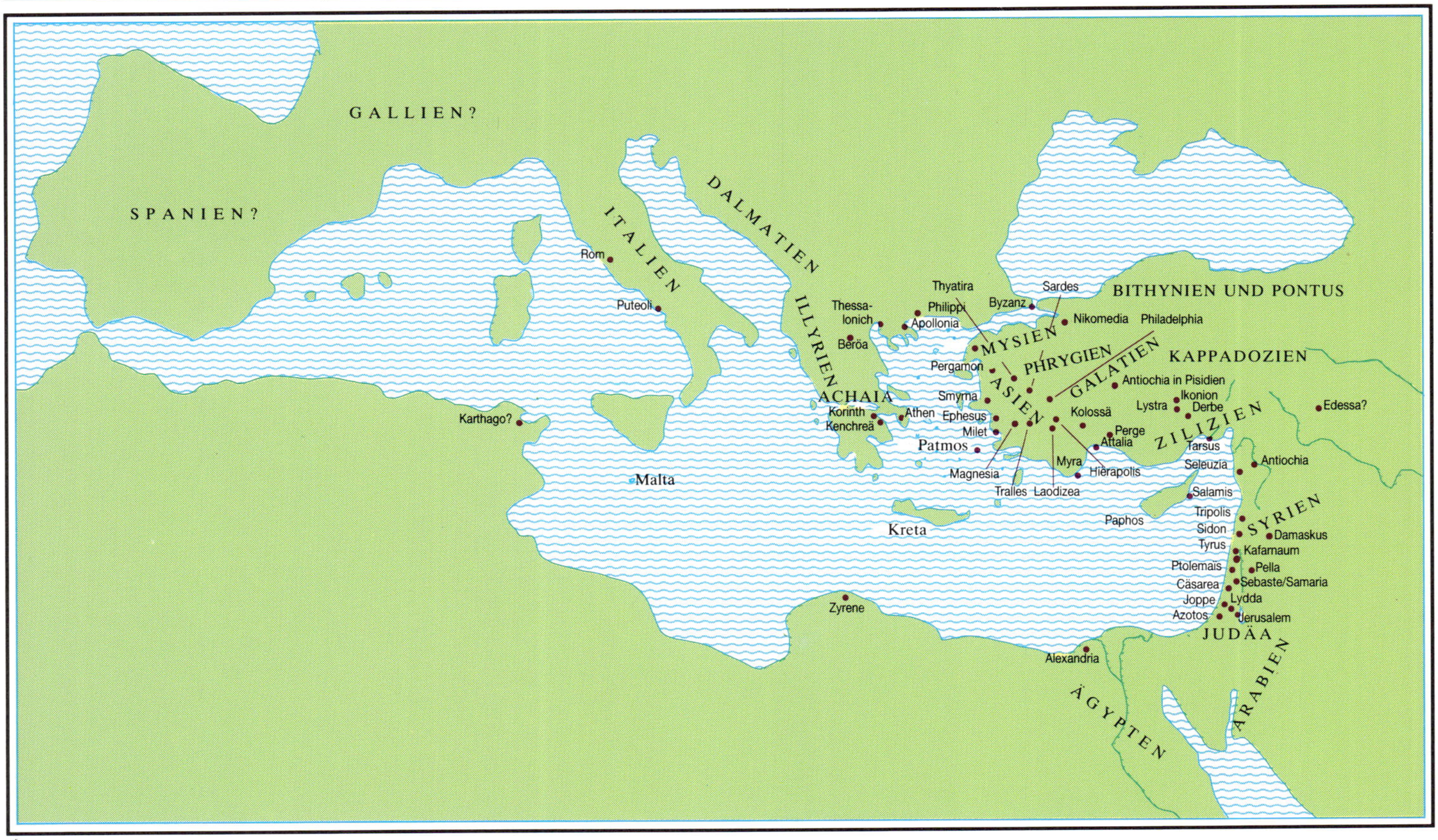

GALLIEN?
SPANIEN?
ITALIEN
DALMATIEN
ILLYRIEN
ACHAIA
MYSIEN
PHRYGIEN
GALATIEN
ASIEN
BITHYNIEN UND PONTUS
KAPPADOZIEN
ZILIZIEN
SYRIEN
JUDÄA
ARABIEN
ÄGYPTEN
Rom
Puteoli
Karthago?
Malta
Thessa-
lonich
Beröa
Philippi
Apollonia
Thyatira
Sardes
Byzanz
Nikomedia
Philadelphia
Pergamon
Smyrna
Ephesus
Milet
Korinth
Kenchreä
Athen
Patmos
Magnesia
Tralles
Laodizea
Kolossä
Hierapolis
Myra
Perge
Attalia
Antiochia in Pisidien
Ikonion
Lystra
Derbe
Tarsus
Seleuzia
Antiochia
Edessa?
Salamis
Paphos
Tripolis
Sidon
Tyrus
Damaskus
Kafarnaum
Ptolemais
Pella
Cäsarea
Sebaste/Samaria
Joppe
Lydda
Azotos
Jerusalem
Kreta
Zyrene
Alexandria

70 Die Kirche um das Jahr 100 n. Chr.

Neues Testament; 1. Klemensbrief

Unter Kaiser Domitian (81-96 n. Chr.) hatte die Kirche ihre erste umfassendere Verfolgung zu bestehen. Das Christentum hatte inzwischen in allen gesellschaftlichen Schichten Fuß gefaßt. Die Gemeinden lagen jedoch ganz überwiegend im östlichen Teil des Römischen Reiches.

Eboracum (York)
Londinium
Colonia Agrippinensis (Köln)
Augusta Treverorum (Trier)
Lutecia Parisiorum
Augusta Vindelicorum (Augsburg)
Burdigala
Lugdunum (Lyon)
Mediolanum
(Mailand)
Aquileia
Legio VII
Tolosa
Arelate (Arles)
Sirmium
Salonae
Toletum
Tarraco
ROM
Corduba
Nova Carthago
Sardika
Herakleia
KONSTANTINOPEL
Sinope
Trapezunt
Thessalonich
Philippi
Nizäa
Ankyra
Nyssa
Samosata
Edessa
Nisibis
Smyrna
Ephesus
Tarsus
ANTIOCHIA
Ktesiphon
Hippo
Karthago
Syrakus
Korinth
Damaskus
Cäsarea
JERUSALEM
Leptis Magna
Zyrene
ALEXANDRIA
Primat
PATRIARCHAT

71 Die Kirche im 4. Jahrhundert n. Chr.

Im 2. und 3. Jahrhundert faßte die Kirche in allen Gebieten des Römischen Reiches und auch östlich der Reichsgrenzen Fuß. Um 200 stand der Kanon des Neuen Testaments im wesentlichen fest. Auf dem 3. und 4. Konzil von Karthago (397 und 419) erfolgte seine bis heute gültige Festlegung.

IV. Städtekarten

72-75 Jerusalem ist eine Gründung des 3. Jahrtausends v. Chr., der Frühen Bronzezeit. Die ursprüngliche Siedlung lag auf dem Südosthügel südlich von der heutigen Altstadt oberhalb der Gihon-Quelle. Um 1050 v. Chr. eroberte David die von den Jebusitern bewohnte Stadt und machte sie zu seiner Königsstadt und zur Hauptstadt Israels. Salomo weitete die Stadt nach Norden aus, indem er dort seinen Palast und den Tempel baute (vgl. Karte 81). Später, zur Zeit der Könige, fand eine Ausweitung nach Westen statt.

Nach der Rückkehr aus dem Exil blieb die Besiedlung zunächst auf den Ostteil beschränkt, weitete sich dann aber, vor allem unter den Makkabäern, aus.

Herodes errichtete eine Reihe repräsentativer Bauten. Vor allem bekamen der Tempel und seine Vorhöfe durch ihn die Gestalt, die sie zur Zeit Jesu und der Apostel hatten (vgl. Karte 82).

Am Ende des Jüdischen Krieges 66-70 n. Chr. und noch einmal und endgültig nach dem Zusammenbruch des Bar-Kochba-Aufstandes 132-135 n. Chr. wurden Jerusalem und der Tempel zerstört. Danach wurde die Stadt als römische Kolonie unter dem Namen Aelia Capitolina wieder aufgebaut und auf dem Tempelplatz ein Jupitertempel errichtet.

Kaiser Konstantin ließ über dem Grab Jesu einen Kirchenbau errichten, der auch den Hügel Golgota einbezog und der fortan den Mittelpunkt des christlichen Jerusalem bildete.

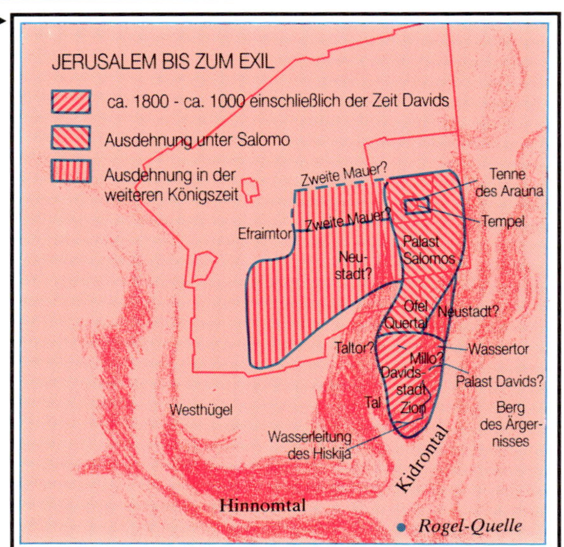
JERUSALEM BIS ZUM EXIL
ca. 1800 - ca. 1000 einschließlich der Zeit Davids
Ausdehnung unter Salomo
Ausdehnung in der weiteren Königszeit
Zweite Mauer?
Zweite Mauer?
Efraimtor
Neustadt?
Tenne des Arauna
Tempel
Palast Salomos
Ofel
Quertal
Neustadt?
Taltor?
Millo?
Wassertor
Davidsstadt
Zion
Palast Davids?
Tal
Westhügel
Berg des Ärgernisses
Wasserleitung des Hiskija
Kidrontal
Hinnomtal
Rogel-Quelle

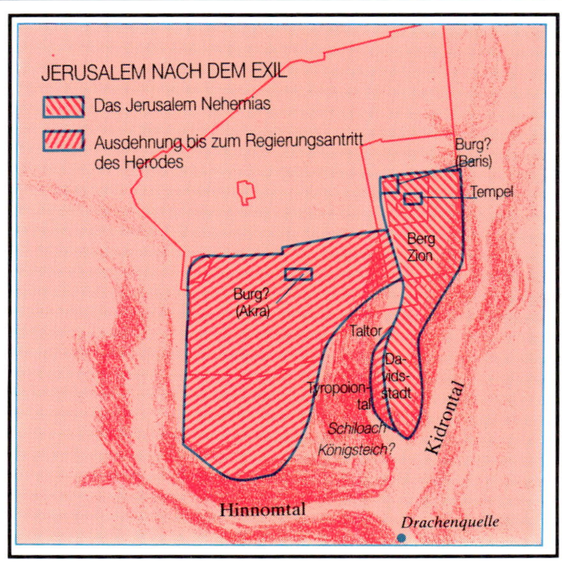
JERUSALEM NACH DEM EXIL
Das Jerusalem Nehemias
Ausdehnung bis zum Regierungsantritt des Herodes
Burg? (Baris)
Tempel
Berg Zion
Burg? (Akra)
Taltor
Davidsstadt
Tyropoiontal
Schiloach-Königsteich?
Kidrontal
Hinnomtal
Drachenquelle

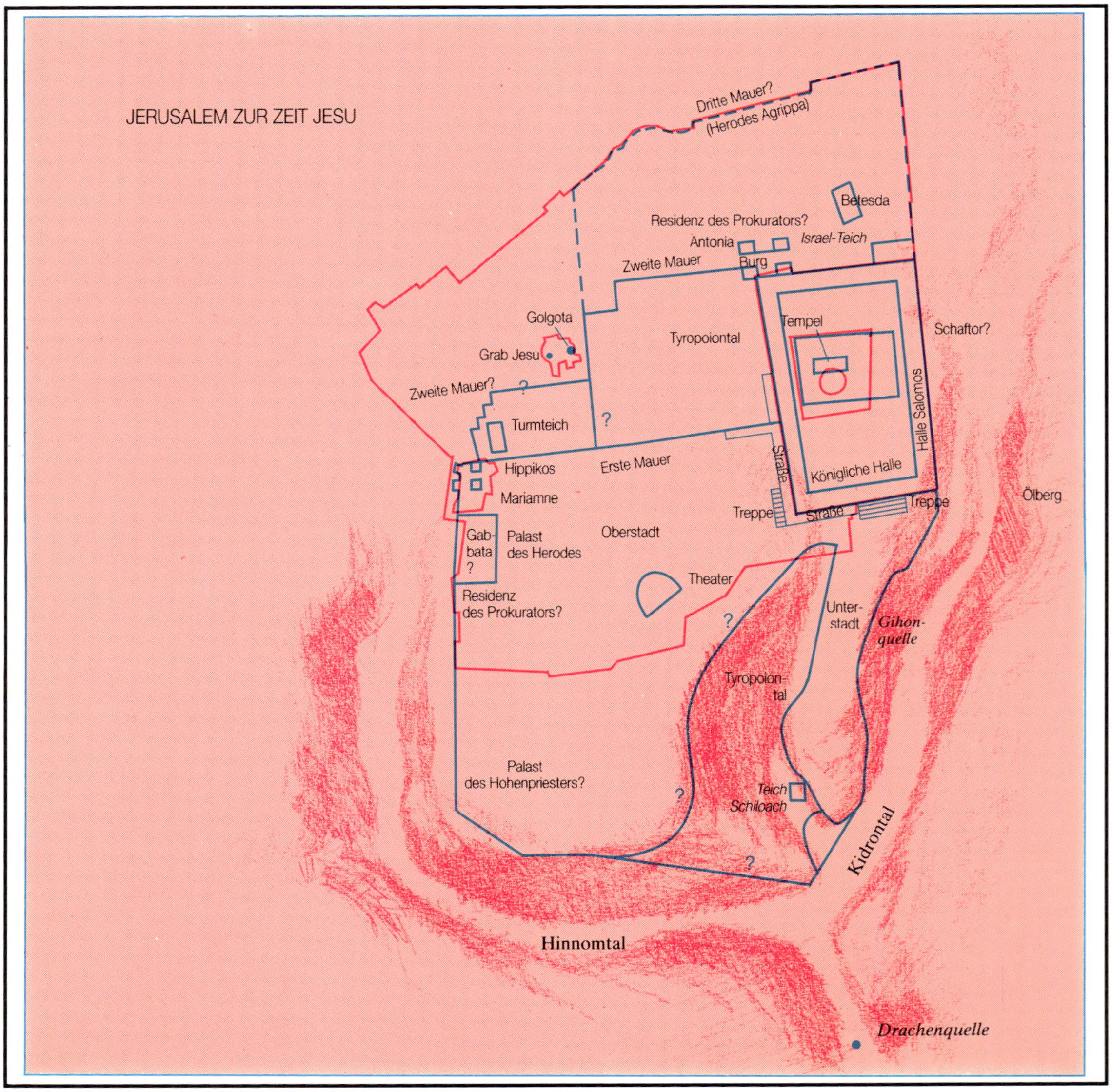

JERUSALEM ZUR ZEIT JESU

Dritte Mauer? (Herodes Agrippa)
Betesda
Residenz des Prokurators?
Antonia
Israel-Teich
Zweite Mauer
Burg
Golgota
Grab Jesu
Tyropoiontal
Tempel
Schaftor?
Zweite Mauer?
Turmteich
Halle Salomos
Hippikos
Erste Mauer
Straße
Königliche Halle
Ölberg
Mariamne
Treppe
Straße
Treppe
Gabbata?
Palast des Herodes
Oberstadt
Theater
Residenz des Prokurators?
Unterstadt
Gihonquelle
Tyropoiontal
Palast des Hohenpriesters?
Teich Schiloach
Kidrontal
Hinnomtal
Drachenquelle

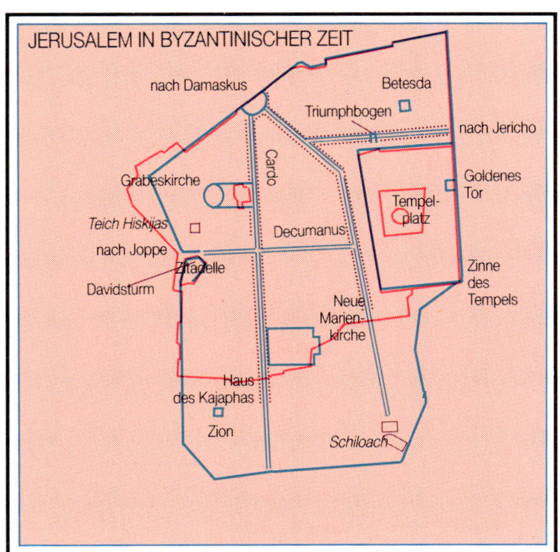
JERUSALEM IN BYZANTINISCHER ZEIT
nach Damaskus
Betesda
Triumphbogen
nach Jericho
Grabeskirche
Cardo
Goldenes Tor
Tempel-platz
Teich Hiskijas
Decumanus
nach Joppe
Zitadelle
Davidsturm
Zinne des Tempels
Neue Marien-kirche
Haus des Kajaphas
Zion
Schiloach

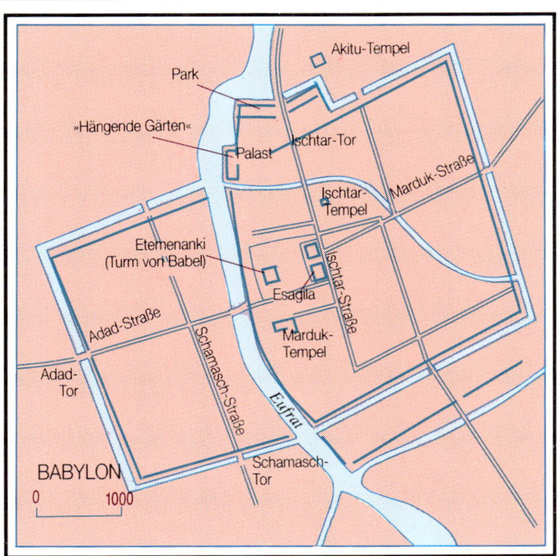
Akitu-Tempel
Park
»Hängende Gärten«
Palast
Ischtar-Tor
Ischtar-Tempel
Marduk-Straße
Etemenanki (Turm von Babel)
Esagila
Ischtar-Straße
Adad-Straße
Marduk-Tempel
Schamasch-Straße
Adad-Tor
Eufrat
BABYLON
Schamasch-Tor
0 1000

◄ **76 Babylon** Die Stadt erlebte ihre Glanzzeit unter König Nebukadnezzar, der die Bevölkerung von Juda und Jerusalem ins Exil führte (vgl. Karte 19 und 48).

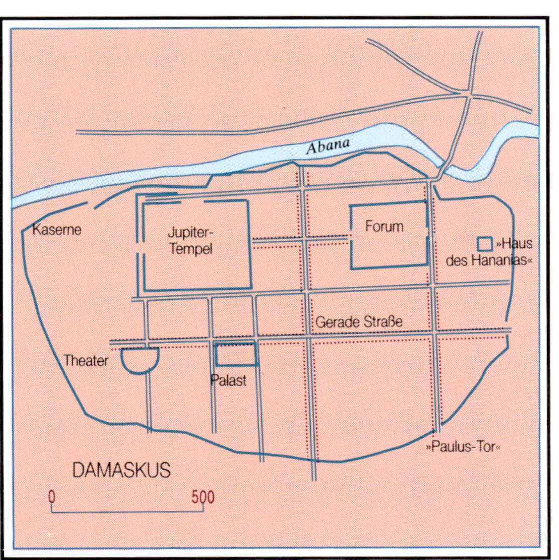
Abana
Kaserne
Jupiter-Tempel
Forum
»Haus des Hananias«
Gerade Straße
Theater
Palast
»Paulus-Tor«
DAMASKUS
0 500

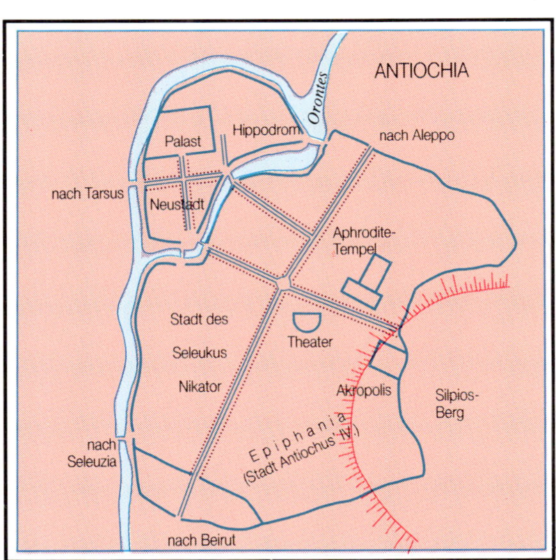
ANTIOCHIA
Orontes
Palast
Hippodrom
nach Aleppo
nach Tarsus
Neustadt
Aphrodite-Tempel
Stadt des Seleukus Nikator
Theater
Akropolis
Silpios-Berg
nach Seleuzia
Epiphania (Stadt Antiochus' IV.)
nach Beirut

◄ **77-80 Damaskus, Antiochia, Athen und Rom** spielen eine wichtige Rolle zu Beginn der christlichen Mission und speziell im Leben und Wirken des Apostels Paulus (vgl. karte 63-69).

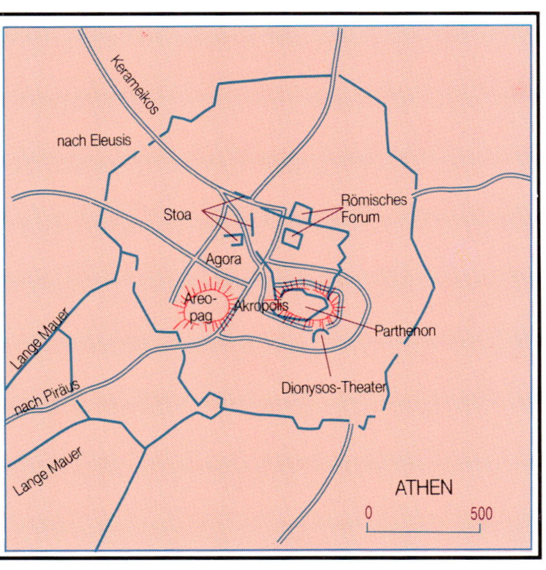
Kerameikos
nach Eleusis
Stoa
Römisches Forum
Agora
Areo-pag
Akropolis
Parthenon
Lange Mauer
nach Piräus
Dionysos-Theater
Lange Mauer
ATHEN
0 500

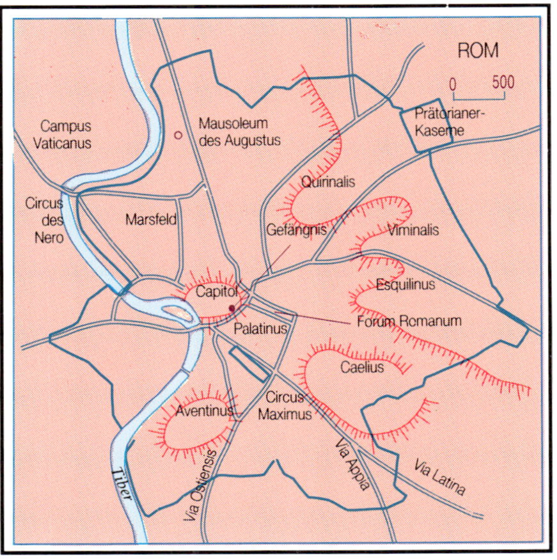
ROM
0 500
Campus Vaticanus
Mausoleum des Augustus
Prätorianer-Kaserne
Quirinalis
Circus des Nero
Marsfeld
Gefängnis
Viminalis
Esquilinus
Capitol
Forum Romanum
Palatinus
Caelius
Aventinus
Circus Maximus
Via Appia
Via Latina
Tiber
Via Ostiensis

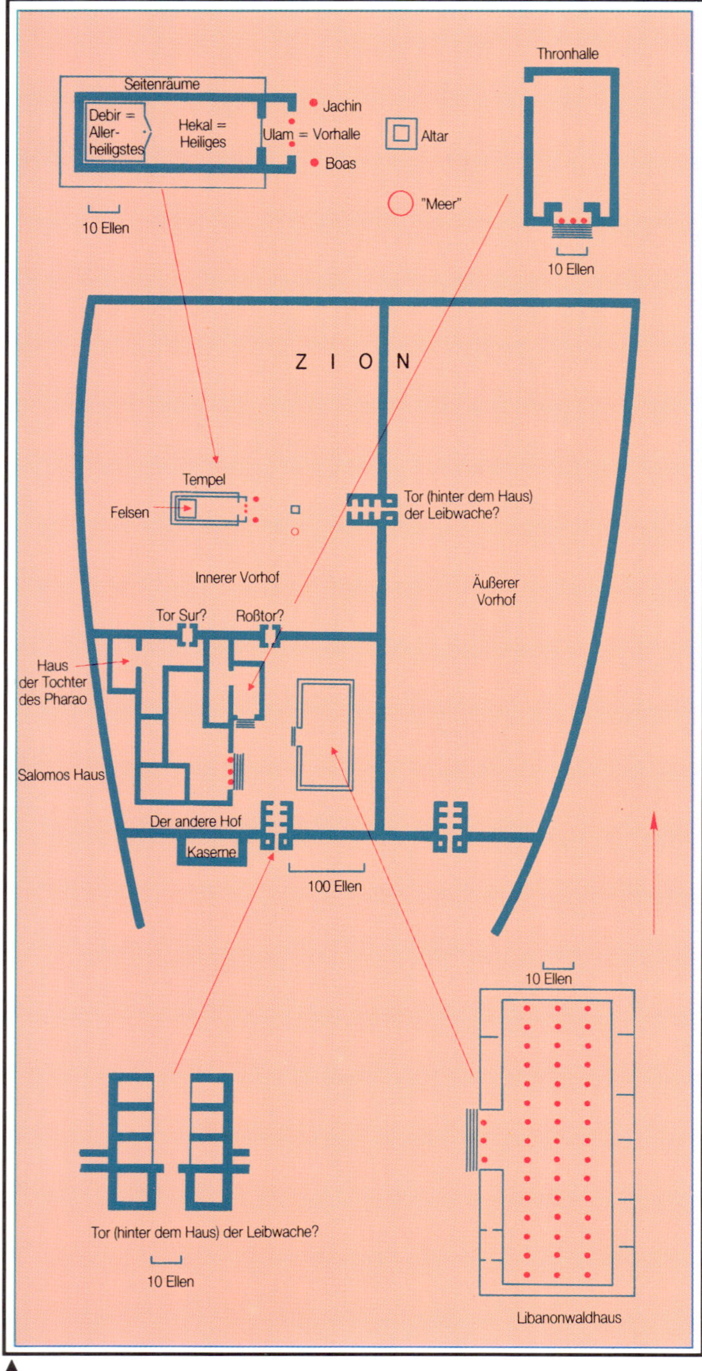

Thronhalle
Seitenräume
Debir = Aller-heiligstes
Hekal = Heiliges
Ulam = Vorhalle
Jachin
Boas
Altar
"Meer"
10 Ellen
10 Ellen
ZION
Tempel
Felsen
Tor (hinter dem Haus) der Leibwache?
Innerer Vorhof
Äußerer Vorhof
Tor Sur?
Roßtor?
Haus der Tochter des Pharao
Salomos Haus
Der andere Hof
Kaserne
100 Ellen
10 Ellen
Tor (hinter dem Haus) der Leibwache?
10 Ellen
Libanonwaldhaus

▲
81 Der Tempel Salomos
1Kön 6–7; 2Kön 11

König Salomo begann etwa 965 v. Chr. mit dem Bau eines Tempels nördlich der Stadt auf der »Tenne des Arauna«. Die Arbeiten dauerten sieben Jahre. Doch war der Tempel nur Teil eines weit größeren Palastbezirks, an dem weitere dreizehn Jahre gebaut wurde. Über den Palast erhalten wir nur wenige Informationen, und die Karte kann nur den Versuch einer Rekonstruktion bieten. Er stützt sich auf Ausgrabungen anderer Paläste und Tempel im Mittleren Osten.

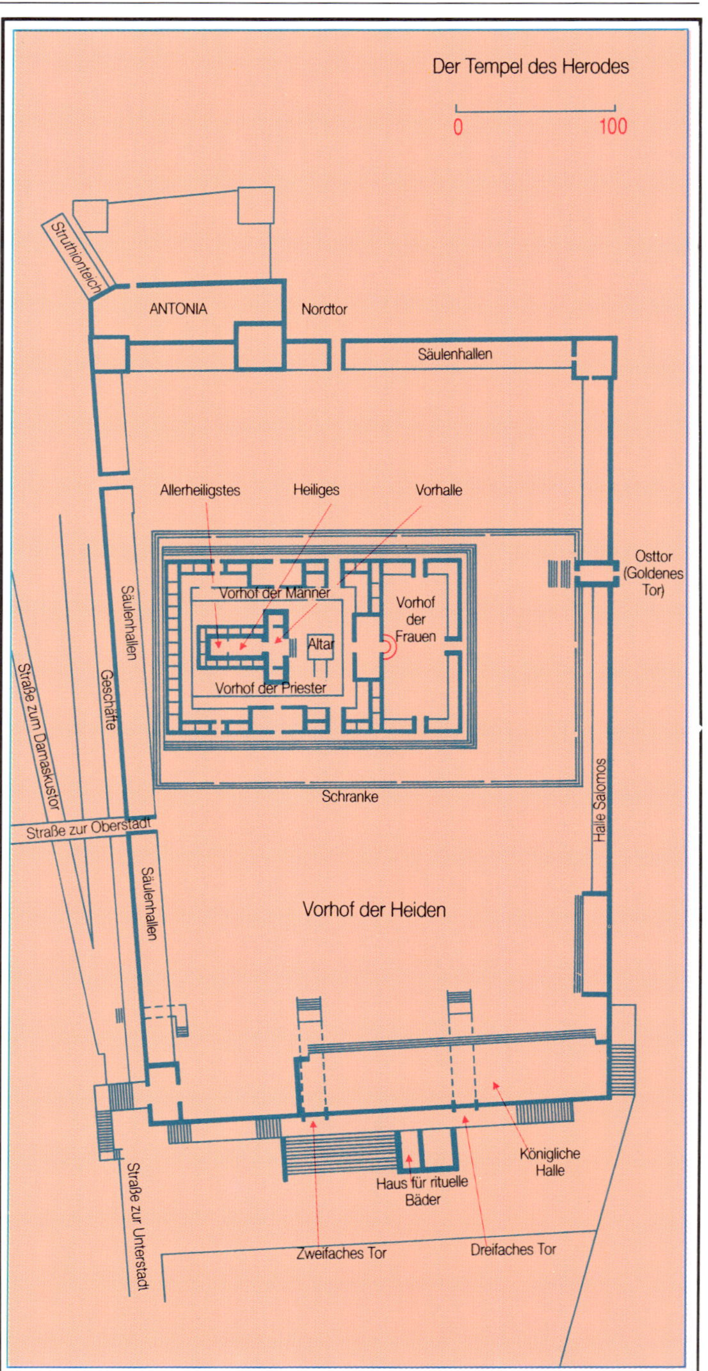

Der Tempel des Herodes
0
100
Struthionteich
ANTONIA
Nordtor
Säulenhallen
Allerheiligstes
Heiliges
Vorhalle
Osttor (Goldenes Tor)
Vorhof der Männer
Vorhof der Frauen
Altar
Vorhof der Priester
Säulenhallen
Geschäfte
Straße zum Damaskustor
Schranke
Halle Salomos
Straße zur Oberstadt
Säulenhallen
Vorhof der Heiden
Königliche Halle
Haus für rituelle Bäder
Straße zur Unterstadt
Zweifaches Tor
Dreifaches Tor

▲
82 Der Tempel des Herodes

König Herodes begann 20/19 v. Chr. mit dem Bau eines Tempels, der den Tempel Serubbabels von 520-515 v. Chr. als Kernstück einbezog, ihn an Pracht jedoch weit übertraf. Die Arbeiten dauerten bis zum Jahre 63 n. Chr. Der Tempel wurde 70 n. Chr. von Titus zerstört.

Die Gesamtanlage hatte eine Ausdehnung von ca. 280 x 485 m. Die Vorhöfe erstreckten sich über eine künstlich aufgeschüttete Terrasse, die eine Höhe bis zu 50 m über dem gewachsenen Felsen erreichte.

Die Gebäude südlich der Terrasse sind Rekonstruktionen, die sich auf Ausgrabungen stützen.

ABKÜRZUNGEN DER BIBLISCHEN BÜCHER

Am Amos
Apg Apostelgeschichte
Bar Baruch
BrJer Brief Jeremias
1/2Chr 1./2.Chronik
Dan Daniel
DanZ Zusätze zu Daniel
Dtn 5.Mose/ Deuteronomium
Eph Epheser
Esra Esra
Est Ester
EstG Ester, griechisch
Ex 2.Mose/Exodus
Ez Ezechiel (Hesekiel)
Gal Galater
Gen 1.Mose/Genesis
Hab Habakuk
Hag Haggai
Hebr Hebräer
Hld Hoheslied
Hos Hosea
Ijob Ijob (Hiob)
Jak Jakobus
Jdt Judit
Jer Jeremia
Jes Jesaja
Joël Joël
Joh Johannes
1-3Joh 1.-3.Johannes
Jona Jona
Jos Josua
Jud Judas
Klgl Klagelieder
Koh Kohelet (Prediger)
1/2Kön 1./2.Könige
Kol Kolosser
1/2Kor 1./2.Korinther
Lev 3.Mose/Levitikus
Lk Lukas
1/2Makk 1./2.Makkabäer
Mal Maleachi
Mi Micha
Mk Markus
Mt Matthäus
Nah Nahum
Neh Nehemia
Num 4.Mose/Numeri
Obd Obadja
Offb Offenbarung
1/2Petr 1./2.Petrus
Phil Philipper
Phlm Philemon
Ps Psalmen
Ri Richter
Röm Römer
Rut Rut
Sach Sacharja
1/2Sam 1./2.Samuel
Sir Sirach
Spr Sprichwörter (Sprüche)
1/2Thess 1./2.Thessalonicher
1/2Tim 1./2.Timotheus
Tit Titus
Tob Tobit (Tobias)
Weish Weisheit
Zef Zefanja

VERZEICHNIS DER BIBELSTELLEN

Die Ziffern beziehen sich auf die Karten.

Die Ziffern beziehen sich auf die Karten.

A

H

I

L

M